# 語言與人生

S.I.早川著
柳 之 元譯

文史哲出版社印行

國家圖書館出版品預行編目資料

語言與人生 / S.I.早川著; 柳之元譯. -- 再版. -- 臺北市：文史哲, 民 97.10 印刷
頁： 公分
ISBN 978-957-547-120-0（平裝)

1. 語義學 2. 溝通

801.6 81001569

# 語言與人生

著者：S. I. 早川
譯者：柳之元
出版者：文史哲出版社
http:// www.lapen.com.tw
e-mail：lapen@ms74.hinet.net
登記證字號：行政院新聞局版臺業字五三三七號
發行人：彭正雄
發行所：文史哲出版社
印刷者：文史哲出版社
臺北市羅斯福路一段七十二巷四號
郵政劃撥帳號：一六一八〇一七五
電話886-2-23511028・傳真886-2-23965656
實價新臺幣二五〇元
中華民國八十一年(1993)二月再版
中華民國九十七年(2008)十月再版三刷



ISBN 978-957-547-120-0

# 語言與人生 目錄

編者的話……一
譯者序……一
第一編 語言的功用
第一章 語言和生存……三
第二章 符號……一六
第三章 報告用的語言……二七
第四章 前後文……四二
第五章 有助社會團結的語言……五五
第六章 語言的雙重任務……六六
第七章 控制社會的語言……七八
第八章 傳達感情的語言……九二

第九章　藝術和激盪的情緒……一一一

第二編　語言和思想

第十章　我們是怎樣得到知識的？……一二七
第十一章　捕風捉影……一四四
第十二章　分類……一五二
第十三章　二元價值觀點……一六三
第十四章　一團糟……一八八
第十五章　老鼠和人……二〇六
第十六章　走向內心和外界的秩序……二二四

# 編者的話

「語言與人生」的原名是（Language in Thought and Action），它所討論的問題是屬於字義學（Semantics）的範圍。字義學是一門新興的學科，在我們中國不獨很少人知道這是一門什麼學問，甚至很多人連這門學科的名字也沒有聽過。照常例來說，這樣一門冷僻，陌生的學問，對我們一定是格格不入的。可是，這本書却絕對例外，不僅讀起來一點兒也不枯燥，而且津津有味。這固然得歸功於作者「深入淺出」的手筆，同時，我們還得感謝譯者的譯筆靈活通達。在改用中國詩文辭句代替原書各例句一節上，譯者的貢獻尤大。

這門學問對我們雖然很陌生，可是本書內所討論的問題，却是我們時時刻刻碰到的問題。作者寫這本書的主要目的，是告訴人們「怎樣說話；怎樣聽話；」如果話說對了，有什麼好處；話說差了，又有什麼毛病，會出什麼禍事，把話說好是如何的重要，也許，有人會驚訝，我們既能讀又能寫，還要學說話嗎？我們從出生起就牙牙學語，學到如今還不夠嗎？誰不會說話，還學它幹麼？還要讀這本書？且慢，恐怕最需要讀這本書的人，便是那些自以爲早已會說話的人。你究竟會不會聽話呢？會不會說話呢？恐怕得看了這本書後才能有一個比較可靠的答覆。

本書裡所謂「說話」或「語言」，是包括「文字」在內的。第八、第九兩章，實在是告訴我們怎樣寫文學作品。對於愛好寫作的讀者來說，本書的意義則更大。

# 譯者序

早川博士（S. I. Hayakawa）的祖先是日本人，他本人在一九〇六年生於加拿大，所以是英國籍。他在加拿大曼尼托巴大學（Manitoba）和麥哲而大學（McGill University）求學。學成後先到美國威士康辛大學，後來又到芝加哥城的依里諾愛州理工學院講學。現在他是聞名世界的字義學（Semantics）權威，除了授課以外，同時又是「普通字義學評論」（季刊）的編輯。本書原名 Language in Thought and Action。據作者自序說，他在開始寫時，原來祇想修改他本人的「語言•行動」（Language in Action）一書，（一九四一年出版，當時曾轟動一時，是美國每月最暢銷書之一），後來因為意見越來越豐富，材料越來越多，所以便寫了一本大部份是全新的著作。出版後，又成為美國每月最暢銷書之一，在美國銷路極廣，深得各方推崇。

字義學這個名詞，許多中國讀者想來還不太熟悉。雖然對這門學問有過很大貢獻的英國學者李卻茲（I. A. Richards）和安蒲蓀（William Empson）兩氏曾先後到北平講學，可是中文的報章雜誌裏，介紹這門學問的却極少。在少數曾經聽到過這名詞的人裏，恐怕又有一大部份以為字義學祇不過是在文學批評或文字學裡加入一大堆心理學上的名詞。因此是深奧空洞，枯燥無味的。有這種先入之見的人，對於本書不免先存着害怕的心理，其實，祇要稍微翻閱幾章，便可以看出本書和他們所想像的完全不同。因爲第一點，早川先生是寫作的能手，他能將深奧晦澀的原理，用淸楚精確的文字寫出，並且用生動有趣的例子解釋。譬如說，「分類」並不是一個容易懂的題目，可是你一看作者的說明後，便會立刻覺得它一目了然，十分有趣。「制度惰性」決不能算做一個容易說明的問題，然而你讀了「老鼠與人」一章以後，一定會感到作者所擧的例子巧妙非凡，能使一個枯燥的問題，變成生趣盎然，意味深長。像這樣一本學術性濃厚，幾乎可以當作教科書用的著作，居然能在美國得到一般普通讀者如此歡迎，作者的人情味和幽默感，以及他深入淺出的寫作能力，當然是很重要的原因。

但是本書之所以能夠暢銷，所以會有很高的價値，另外還有一個更重要的原因，那就是，本書不但沒有任何迂腐的氣息，而且對於人生和社會上許多極重要的問題，提供了新的看法和可貴的意見。原來早川先生學問淵博，他在本書裡除了採用文字學和心理學上最新的發明外，還應用了哲學、人類學、社會學、心理解剖學、生理學、神學、數理生物物理學（Mathematical bio-physics）等各方面最新的研究成績。加上他又富於人生經驗，在從一九四一年到一九四九年的期間，他曾經在神經病院裡做過研究工作，從名師學過藝術，替芝加哥的一家黑人週刊擔任專欄寫作，爲芝加哥「太陽日報」寫書評，研究過民間音樂和爵士音樂，管理過合作社，並且和美術鑑賞家以及民間藝人有過極密切的聯絡，因此眼光遠大，胸懷廣濶，能夠從一門學問狹窄的範圍裡跳出來，觀察人類行爲和思想中許多不同的部門。

早川先生爲什麼能在本書中，將抽象的學理和實際的事物那麼密切地聯繫起來？主要的是因爲他抓住了兩個大原則。第一個原則是：語言是人類特有的工具，人類所以能生存發展，變得和野獸不同，語言是極重要的因素之一。確定了語言的社會作用後，他便進一步闡明語言和現實的關係（第二、四章），解釋各種不同的語言（第三、五、六、七、八章）及它們的功用。早川先生告訴我們道，語言的錯綜複雜，正和人生的錯綜複雜一樣，人生不盡是理智的，所以語言也不能，而且不應該是，完全理智的。乍然看來毫無意義的寒暄和聊天，是人類團結所不可少的；宣誓、公文等千篇一律的公式，都是社會的基礎。此後，他便講到文學的性質和效用（第八、九章）。他認爲偉大的文學，不但能使我們吸收別人的經驗，了解我們週圍的世界，同情別人，並且能幫助我們適應現實，保持精神上的健康；因爲人類究竟是有感情的動物，沒有發洩和陶冶感情的工具，我們可能會像沒有安全瓣的機器一樣，有爆炸的危險。這樣就結束了第一編。

在第二編裏，早川先生發揮了他第二個原則：人類思想中的絕對大部份，是沒有聲音的語言。根據這個原則，他說明語言如何影響形成人類的思想，而且進一步創造出現代的思想系統和社會制度。在第十章裏，他指出人類語言（思想）的一個重要特徵：從我們對於實際事物的印象中，逐步形成抽象的概念。沒有這個特徵，人類便不可能有現在的文化；可是倘若我們不注意到這個特徵，把抽象的概念或名字和現實分不清楚，那麼我們不但會做出種種可笑的事情，並且還會造成許多悲劇。在第十一章裏，早川先生舉了許多實際的例子。在第十二章裏，他又解釋了人類語言（思想）的另外一個重要特徵——分類。分類雖然也是必需的，但是卻不可能是完美無疵，十分可靠的。假若你硬認爲自己的分類法十全十美，決不會有錯誤，那麼你就會陷入二元價值觀點。這種觀點在原始社會裡最流行，法西斯主義和共產主義，便是它的餘孽。倘若你知道自己的分類免不了要有缺陷，因而多加警惕，那麼你就可以有民主自由思想所不可少的多元價值觀點了（第十三章）。接下去，早川先生便指出一般人因爲不了解自己語言（思想）中的缺陷，又受了外來的不良影響，因而造成了多少紛亂的現象（第十四章）。現在世界上所以有這許多不幸和危機，除了有錢有勢的人太短見外，最大的原因是許多老百姓都思想不清楚，看不出自己眞正的利益所在（第十五章）。所以他在最後一章（第十六章）裏，舉出了十條極簡明的語言（思想）法則，並說明我們要怎樣才能擯除偏見，養成獨立思考的精神，認識自己，接受現實，使人類最寶貴的資產——語言——成爲一種增進團結友愛的工具。

上面所說的，祇不過是一個簡單的大綱。本書實際的內容，比這要豐富複雜得多了。但是我們從這個大綱裡，就可以看得出，本書不僅是一本字義學的巨著，而且對於許多我們最急迫、最關心的問題——例如：怎樣做人？怎樣適應環境？怎樣在這個邪說紛起，又複雜又混亂的世界裏，找出一個頭緒來？——作了透澈、精闢、獨到的討論。早川先生並不是，也沒有想做，一個能創造奇蹟的魔術師，他並沒有提出任何能立刻解決經濟分配問題，或國際爭端的方案。他所要求讀者的，是要他們澄清思想，以便看清並了解當前的問題，不受人欺騙。在他看來，祇要世界上大部份的人民確實能獨立思考，辨別是非利害，一切困難便能迎刃而解了。這個看法並不是完全新的，它的基礎是蘇格拉底的懷疑精神，孔子「吾日三省吾身」，「三思而後行」的態度，以及杜威實驗主義的思想。但是他能將歷代賢哲訓示的精萃，應用到近代許多切身的問題上去，指出我們要做一個二十世紀科學時代的人，必須能有更清醒冷靜的頭腦，不應該再回到瘋狂盲目的原始生活裏去。另一方面他又從生物學和心理學的立場，將文學、藝術、同情、博愛等等過去曾被機械主義思想所輕視嘲弄的東西，從「冷宮」裏救了出來，證明它們是人生不可缺少的。更可貴的是，他並不以爲他所提倡的那種健全的心境，是哲人所獨有的。他希望每一個人都能有這種心境，所以他用明確的文字，把它詳細地解釋出來，使每一個讀者都能了解，都能接受他的看法。本書最後一章所擧的十條規則，乍看似乎沒有什麼意思，仔細研究一下，却是妙用無窮，單就「母牛1不是母牛2，母牛2不是母牛3」一條而論，祇要大家都能眞正地牢記在心，融會貫通，善於應用，世界上一切的階級鬥爭，種族偏見，頑固自私的現象就都不容易發生，世界大同的希望，也會增加不少了。

總之，本書的優點極多，不能在此一一詳述，讀者可以自己探測發掘，我相信決不會感覺失望的。本書眞正偉大的地方，不在它給了我們多少知識，建立了什麼系統，而在它指出了許多新的道路，提供了許多新的線索，使人在讀完以後，有「撥開雲霧見青天」之感，開始覺得人類的文化不一定要遠遠落在科學的後面，在「紛亂如叢林」的社會科學裏，也有應用科學方法的可能，一個富有理性的、幸福的社會，並不祇是哲學家的夢想，而是很有實現的希望。作者曾說，一本偉大的書應該是富於啓發性的。這本書正是如此。

這冊譯本的文學，力求通俗淺顯，因為譯本的對象，主要的是靑年或是外國文程度不太高的人，如果譯文不很容易讀，那麼書中有些比較深奧的理論，就會更不容易懂了，所以在有許多地方，好些專門名詞都被省去，複雜的句子也被改為簡單些了。可惜有幾章（尤其是最後的四章裏），因為作者所用的專門名詞實在太多，譯者怕有失原意，不敢改動太多，所以仍舊還有幾段讀來比較費力些的文字，這是十分抱歉的。再者，原書中用來解釋單字和成語的意義、用法等的例子，如果照字面直譯過來，不能表達出作者的原意，所以遇有這種情形，多半是以中文的單字或成語來代替的。原書中所討論的社會情形，多半是美國的情形，其中有許多恐怕中國讀者不容易體會，所以有的刪去未譯，有的用中國的社會情形替代，原書所舉的西洋文學作品，全體都換了極淺易的中文詩、詞、小說，以幫助讀者了解，並增加讀者興趣，這是要附帶聲明的。

# 第一編　語言的功用

陳亢問於伯魚曰，子亦有異聞乎。對曰，未也，嘗獨立，鯉趨而過庭，曰，學詩乎。對曰，未也。不學詩，無以言。鯉退而學詩。他日又獨立，鯉趨而過庭，曰，學禮乎。對曰，未也。不學禮，無以立。鯉退而學禮。聞斯二者，陳亢退而喜曰，問一得三，聞詩，聞禮，又聞君子之遠其子也。

——論語

# 第一章　語言和生存

一般人心目中常常以為祇有擾亂社會的不肖份子，才會有荒唐的「白白得好處」的奢望。這真是件怪事。事實上，除了我們的自然的條件以外，我們所有的一切，都是不費分文，從前人取得的。有那一個最自滿，思想開倒車的人，能夠自誇說他發明了文字、寫作的藝術、印刷術，發現了自己的宗敎、經濟和道德思想，任何一種使他能有衣食的生產方法，或是給他那麼多樂趣的文學和藝術作品呢？總而言之，我們的文明差不多全部是「白白得來的」。

——羅賓遜

人類間一切的協定或贊可……都要經過語言的程序才能得到，否則就根本無法成立。

——伍　夫

## 我們該摹倣什麼動物？

在我們的社會中，有些自命爲理智堅強，面對現實的人，（其中包括有勢力的政界領袖和商人，爭權奪利、碌碌終日的次要人士等等，）總會以爲人的天性就是自私自利，人生是一種奮鬥，只有最能適應的，才得生存。根據這種哲學，人類在表面上雖然是文明的，但是他們賴以生存的基本原則，却依然是森林中弱肉強呑的原則。「最能適應的人」是在生存競爭中最強暴、最狡滑、最殘酷無情的人。

這種流行頗廣的「適者生存」的思想，給了一般無論是在私人競爭，商業競爭，或是國際關係上，專門殘酷無情、唯利是圖的人們，一種矇蔽自己良知的工具，認爲自己所以那樣做，不過是遵守「自然的法規」而已。可是一個大公無私的旁觀者，却有資格來疑問：老虎的殘酷無情，人猿的狡滑黠慧，和服從森林中弱肉強呑法則的現象，是不是就是人類適於生存的證據呢？倘若說我們必須從比我們下等的動物那裏獲得行爲的指南，難道除了強暴的野獸之外，就沒有別的動物能教我們如何生存的方法嗎？

譬如說，若是我們注意兎子或鹿，我們可以說適應生存的定義是「跑得快，不要給敵人追上」。若是我們注意蚯蚓和鼹鼠，我們可以說適應生存的定義是「躱藏起來」。若是我們注意牡蠣和蒼蠅，我們可以說適應生存的定義是「繁殖力特強，使敵人來不及消滅我們」。倘若我們當眞要向動物去學習行動的方式的話，那麼還有猪。自古以來，我們就一直想摹倣牠，和牠媲美。英國小說家愛而讀司·赫胥黎在他寫的一部小說「美好的新世界」裏曾經描寫過，大部份人類如果都成爲孜孜終日，循規蹈矩，唯命是聽，就像合羣的螞蟻一般的話，我們的社會會像螞蟻窩一樣地組織嚴密，井井有條，效率極高；可是也會同樣地沒有意思。實在說，倘若我們專從禽獸身上研究「適者生存」的道理的話，我們眞不知能找出多少種低等動物的行爲系統來。我們可以摹倣龍蝦、狗、痲雀、鸚鵡、長頸鹿、臭鼬、或是寄生蟲，因爲牠們顯然各有神通，能求得生存。雖說如此，我們還是可以問一問自己，人類之所以能適應生存，是不是靠着另外一種適應能力，和較低級動物表現出的適應能力不同呢？

那種犬犬相食，「適者生存」的思想，現在既然如此流行，（雖然自從原子彈發明以來，已經有人感到有改變思想的必要了。）我們在這裏值得費一點篇幅，研究一下「適者生存」這句話在現代科學上佔着什麼樣的地位？現代的生物學家，已經將兩種不同的「生存競爭」分開，第一種是異種競爭，也就是說，各種不同類的動物間的競爭，例如狼和鹿間，或是人和細菌間的競爭。第二種是同類競爭，也就是說同類動物間的競爭，例如鼠和鼠間，人和人間的競爭。現代生物學，有很多例子可以證明，凡是發展了種種繁複的同類競爭工具的動物，常是無法應付異種競爭的，因此，不是早已絕種了，就是隨時有絕種的危險。例如，孔雀的尾屏雖然在吸引異性時，可以用來和別的孔雀競爭，但在應付環境，和異類競爭中，却是一個累贅。此外在生物學上還有別的例子可以證明，任何一種動物，假如祇有鬥爭和傷害別的動物的力量和凶猛，是不一定能生存的。許多毛象類的巨大爬行動物，都有極好的進攻和自衞的工具，却在幾百萬年以前就已絕跡了。縱使我們承認人類必須奮鬥才能生存，在討論人類生存的問題時，也必須先將一些在我們對環境及別的動物，（例如洪水、氣候、野獸、細菌或蚱等，）奮鬥時有用的特性，和一些在對別的人奮鬥時有用的特性（例如勇進不肯讓人），分別清楚才行。

倘若我們不能同舟共濟，就不免逐一滅頂，這一原則在人類還沒有能用文字表達它以前，早已在自然界存在了。同類的合作，（有時還得加上和異類的合作），對於大多類生物的存在是必要的。而且人類還另外有一種特徵：人是會說話的動物。任何一種講人類生存的理論，倘若不注意這一點，就會像高談海狸的生存，而不注意牠用什麼特殊的方法使用牠的嘴和扁尾巴，同樣地不科學化。在這裡，我們要研究談話——人類彼此間傳達意見——究竟有什麼意義。

## 合作

當有人對你大叫：「小心！」時，你就趕快一跳，因此幸好沒有被一輛汽車撞倒，你所以能夠不致受傷，是靠着大多數較高級的動物所共有的一種賴以生存的合作方式——也就是說，用聲音互通信息。你並沒有看到那輛汽車開來，可是別人却看到了，他就發出某些聲音，將他驚惶的心情傳達給你。換句話說，雖然你的神經系統沒有記錄下這種危機，你却因爲別人的神經系統已有記錄，而得救了。在那一刹那間，你有了兩個神經系統——你自己的和別人的——的幫助，所以佔了便宜。

事實上，當我們聽到別人發聲，或者看到寫在紙上，代表這些聲音的黑字時，我們多半是在吸收別人的經驗，以補自己之不足。顯然地，愈是能夠利用別人的神經系統以補充自己的人，也就愈容易生存。當然，在一個集團中，習慣於用聲音互相合作幫忙的份子愈多，全體的得益也就愈多（但是當然得受該集團內社會組織能力的限制）。飛禽走獸都是同類合羣居住的，一找到食物或者受了驚慌，就叫喊出聲。事實上，合羣居住所以成爲人類及禽獸自衞和生存的方法之一，主要的原因是統一神經系統，次要的才是統一體力。我們簡直可以將一切社會組織，不論是人類的或是禽獸的，都當作是許多神經系統大規模的合作看待。

禽獸的叫聲極爲有限，而人類用來表示，並報告他們神經系統內的反應的各種聲音——就是語言却是異常複雜。人類的語言是從禽獸的叫喊聲發展開來的，但是比着那些禽獸的喊叫聲，却不知要靈活善變多少了。——用了語言，我們不但能夠報告我們神經系統內，那麼許多種繁複的反應和變化，而且可以轉播這些報告。當一個野獸叫嗥的時候，牠可以使另一隻野獸也感到驚惶，或是起了摹做之心，因此也叫嗥起來。可是這第二隻野獸的叫聲裡，並不能說出爲甚麼牠是跟着第一隻野獸叫的。但是，當一個人說：「我看見一條河的時候」，第二個人可以說：「他說他看見一條河」——這就是報告別人的報告。以此類推，可以一層層地報告下去。總而言之，語言可以用來敍述語言。在這一點上，人類發聲的制度和禽獸的叫喊，有着根本上的差異。

## 知識的滙集

除了發展語言以外，人類又用了種種方法，在平面的泥板上、小的木塊、石塊、動物皮或紙片上，做一些比較有永久性的記號或是痕跡，來代表語言。由於這些記號，他能夠與那些在時間上或空間上和他相距太遠，聽不到他的聲音的人通信息。希臘古代的科學家阿基米德已經死了，可是我們還保存着他在物理實驗中所觀察到的結果。英國詩人濟慈已經死了，可是他仍然可以告訴我們，當他第一次讀到却浦曼翻譯的荷馬史詩時，他有着什麼樣的感覺。從報章和無線電裏，我們很快地知道了有關我們這個世界的種種事實。從書本和雜誌裡，我們瞭解到千百個我們不會有機會見面的人是如何地感覺和思想。這些知識，在我們一生中，不定什麼時候，都可以幫忙我們解決自己的問題。

因此，從來沒有人能夠僅祇依靠他個人的經驗獲取知識的。卽使在原始文明的社會裏，他也能利用他的鄰居、朋友和親戚們口授給他的經驗。這樣，他就不會因爲自己的經驗知識有限，而陷於無助；不用再來發現他人已經發現過的事物，重蹈他人的覆轍，重犯他人的錯誤。他可以承繼他人的成果，繼續前進。換句話說，語言使得人類有進化的可能。

事實上，我們所謂的人類的特性，多半都是由於我們能創造出我們自己的系統，使發出的聲音和劃下的痕跡，有一套意義；而且又利用這些文字和語言的系統，相互合作，才表現發揚出來的。卽使是文化落後，還沒有發明文字的人，也能夠交換知識，將相當多傳統的智識，一代代地傳授下去。但是，能夠口授的知識，數量畢竟有限，也不一定完全可靠。所以文字的發明，在人類歷史上是一個很大的進步。前人所記載下來的，是否翔實，一代代的後人都能根據自己觀察的結果，一遍又一遍地查考。知識的累積，不會再因以前口授的人記不住許多，而受到限制。因此任何文化，只要發明了文字，幾百年就積聚了很多知識，決不是任何人一生中能讀得完的，更不用說是記得住的了。這許多日益增加的知識，經過了印刷之類的機械過程，和普及傳佈的組織，例如圖書商、新聞界、雜誌界和圖書館等，又使一般要求知識的人，都有機會研讀。所以凡是能閱讀任何一種主要的歐洲或亞洲文字的人，都可以和文明世界各地，許多世紀以來，人類努力累積起來的學問接觸。

譬如說，一位醫生碰到了一個生着某種稀有病症的病人，不知道該怎麼醫才好。他可以查醫學索引，根據那上面的指引，查閱在世界各地出版的醫學雜誌。在那些雜誌上，他會找到，譬如說，在一八七三年荷蘭鹿特丹有一個醫生，在一九〇七年暹羅曼谷又有一個醫生，到一九二四年英國肯薩斯城又有過別的醫生，都曾碰到過類似的病症，並且留下了病情和診治結果的記錄。有了那些前人的記錄，他就能有較好的方法，診治他的病人了。再譬如說，現在有一個人爲着倫理問題的煩惱，他不必只限於聽從附近牧師的勸告，他可以求教於孔子、亞里斯多德、釋迦牟尼、耶穌、斯賓諾莎，以及其他許多在倫理學上已經有意見記載了下來的哲學家和宗教家。倘若他爲戀愛煩惱，他不但能從他的母親或摯友那裡得到勸告，並且能從古今中外的大詩人，心理學家，以及任何懂得戀愛，關於戀愛有過著作的人那裏去獲得教益。

所以我們說語言是人生中不可缺少的工具。據我們所知，狗、貓、黑猩猩都不能一代代地漸次增進牠們的智慧。牠們的知識，以及牠們控制環境的能力，可是人類却能夠這樣。歷代人類文化上的造就，在烹飪術、武器、寫作、印刷術、建築方法、遊戲娛樂、交通工具各方面的發明，和各種文學、藝術、科學方面的發現，都是先人不取分文，送給我們的禮物。我們並沒有做什麼有價值的事，就獲得了這麼多的禮品。可是這些先人的遺產，却使我們不但能有機會過一個比我們上一代更豐富的生活，並且也有機會將我們自己的貢獻——不論是如何渺小的貢獻——也加進人類全部的成就裏去。

因此，學會讀書寫字，也就是學習怎樣來利用並參與人類中最偉大的成就——由於這種成就，其他的成就方才可能——，那就是說，將我們的經驗滙合起來，形成規模宏大的知識合作社，除非受到特權、檢查、壓制等等障碍，任何人都可以隨時利用這合作社。從原始人高呼報警起，直到最近的科學專論和無線電裏的新聞報告，語言一直是有社會性的。文化和學術上的合作，是人生的一個大原則。

這並不是一個容易爲人接受或瞭解的原則——雖然我們這些自命爲「心地善良」的人，即使心裏認爲它不過是一種陳腐的爛調，却又覺得應該信奉它才對，所以表面上還裝得看重它的樣子。我們生活在一個競爭激烈的世界裏，每一個人都想在財富、人望、社會聲譽、服裝、學校成績各方面比別人強。我們的報紙上，每天都記載着衝突的消息——勞方和資方，對立的股份公司，電影明星，對立的政黨和民族間的衝突消息——却很少提起合作。我們每個人的心裡都充溢着恐懼，遮滿了又一個比上次大戰還不知要可怕到多少倍的戰爭的陰影。我們常常免不了認爲衝突——而不是合作——才是統治人生的大原則。

但是這種想法却忽略了一點：社會的表面雖然充滿了競爭，眞正能使社會賡續前進的下層基礎却是大家認爲當然的一樣東西——合作。製造一輛汽車，需要不知幾十萬人協力工作，（其中包括從世界各處供應並輸送原料的人）。任何一種有組織的企業活動，都是一種密切的合作，其中每一個工作人員，都得貢獻出他自己的一份力量，資方封鎖工廠和勞方罷工，都是停止合作的表現——當合作又恢復了，大家就認爲一切都「恢復正常」了。我們可以各自爲謀得職業而競爭，但是一旦謀得了職業以後，我們的任務就是要在適當的時間和地點裏，把自己的力量貢獻給那無數連綿不斷的合作行爲。最後結果，工廠能造出汽車，麵包房能做蛋糕，百貨公司能供應顧客，火車飛機能按時開動。而這種同心協力，推動社會事業的工作，必須要有語言做媒介，才能實現，否則就沒有成功的可能。這對於我們是很重要的一點。

## 言辭的洪流

可是對於密支先生（註），這一切又發生了什麼作用呢？從一清早起身聽無線電新聞廣播起，直到晚上在床上看小說雜誌睡熟了爲止，密支先生就像其他在近代文明裏生活的人一樣，整天都在語文裏過日子。報紙編輯、政客、掮客、無線電裡廣播滑稽戲的人、政治家、聚餐會中演講的人、牧師、同事、朋友、親戚、太太、小孩、市場消息、廣告信、書籍、佈告板——這一切都成天地用言辭向他進攻。同樣的，每當密支先生參與一次廣告宣傳、演講、寫信、或者甚至和朋友閒談一次，他就使這個言辭的洪流變得更洶湧澎湃些。

註：代表一個無關緊要的普通美國人，就像中國所謂的張三李四一樣。

當密支先生在生活上發生了不如意的事情時——譬如說，煩惱、困惑、神經不寧、或是家事、商業甚至國家大事不盡順心的時候，——他總會歸罪於某些事物，怪它們使他不樂意。有時候他會怪天氣，有時候怪他的健康和神經狀態，他的內分泌。倘若他面對着的是一個大問題，他還會怨他的環境，怨他所遭遇的經濟制度，怨某一個外國民族，或是怨他所處的社會中的文化型態。別人若是有了困難，他也會把他們的不幸，歸罪於這些理由，祇是有時或許還會多一項——「人類的本性」。（除非他真的是倒了大楣，他不會怨他自己的本性的。）他很少——或者可以說他簡直從沒有過——想到在研究這種種緣由之外，還得考查他每一天經驗到的言辭的洪流的性質和成份，把它當作他煩惱的一個可能的來源看待。

實在說，密支先生想到語言本身的時候，確實很少。他有時會懷疑他的文法對不對，有時候會對於自己的語言成就感到不滿，因而開始懷疑他是不是應該設法「增加他的字彙」。他偶然有一兩次也會發覺有人（雖然他從來不想到自己也可能是這許多人中的一個）「曲解字義」，特別是在爭論的時候；所以他認爲文字常常是「很難對付」的。偶然間，他也常常不禁滿腹惱恨地注意到，一個字「在不同的人的眼光裏，有時候會有不同的意義」。可是他認爲祇要大家肯多查查字典，找出各個字的「眞正意思」，就可以補救這種情形了。不過他也知道大家都不會肯多查字典的——至少別人就不會比他更勤力些，而他自己是不大用字典的——因此他覺得人類天生就沒出息，於此又多了一個例證。

不幸的是，除了上述的這些零星想法以外，密支先生對於語言問題就沒有別的意見了。在這一點上，他不但代表了一般羣衆，並且也代表了許多科學從業員，宣傳人員和寫作家。他和一般人一樣，把文字和他呼吸的空氣同等看待，認爲是無足爲奇，也從來不願多加思考。因爲他從童年能夠記憶時起，就一直在講着話，沒有間斷過。在一定的限度內，他的身體會自動地適應氣候，或空氣中的種種變遷，從冷到熱，從乾到濕，從新鮮到混濁，不用他費任何心力。不過他還是願意承認氣候和空氣對他健康的影響，並且設法保護自己，以免吸入壞空氣。像我們大家一樣，他週圍的言辭，也形成各種氣氛，和天氣一樣地變化頻繁。早一會兒剛聽到文雅的詞藻，這一會兒却又用粗俗的言語了。起先談生意時，用的完全是商業字眼，等一下跑進了禮拜堂，接觸的又完全是另外一種辭句。看電影時，戲中的對白愛聽就聽，不愛聽就不聽，第二天到教室上課去，却非得正襟危坐，全神貫注不可。他從一種言辭的氣氛轉到另一種，也像適應氣候變遷那麼樣地自然，毫不費力。但是他對於四週言辭的氣氛，對於他精神的健康，究竟有什麼影響，却從來沒有關心過。

雖然如此，密支先生的生活和他每天所吸收及應用的言辭，却有着極密切的關係。吃早飯時，他在日報上看到了一些話，會氣得拍桌子，上班後，他的上司對他說的話，會使他挺胸凸肚，趾高氣揚，或者會使他慌亂地跑回座位，加緊工作。有人在他背後談論他的事，被他偷聽到了，會使他愁得生病。幾年以前，他在一位牧師前說了幾句話，從此就和一位女子終生無法分開。他在紙上寫了幾個字，使他到現在還繼續着做他的職業，也可以使他每個月都要收到許多賬單，一次又一次的付給。可是別人也寫了某種紙條給他，使他們每個月都得付款給他。老實說，密支先生一生中每一件小事，都和言辭發生關係。但是他對於言辭問題，却如此地不關心，那眞是件怪事。

另一方面，密支先生也曾經注意到，若是廣大的羣衆——譬如說，一個極權國家裏的人民——受了政府的統制，祇許聽到並看到經過官方詳細挑選出來的辭句，他們的行動就會變得非常奇怪，在他眼中，簡直就像發瘋似的。他同時又注意到，有些和他受過同等的教育，同樣地消息靈通的人，却也會變得那麼瘋狂。有時候，他聽到某某鄰居們發表意見，不禁會感到惶惑驚奇，「他們怎麼可以這樣想呢？這究竟是怎麼一回事，他們不是和我一樣地看到了的嗎？他們一定發了瘋了！」密支先生想。於是他就懷疑起來：這一種瘋狂是不是又證明了「人性」是有「不可避免的弱點」的呢？他是一個美國人，喜歡想像一切事情都是可能的，不歡喜承認「沒有辦法」，可是他又常常想不出辦法來。偶然間，他也會怯弱地想到另一個可能：「也許我自己也發狂了，也許我們都有了神經病。」但是這樣的一個結論會使他完全迷惘無依，找不到出路，所以他很快地就不這樣想了。

密支先生所以不能對語言問題得到進一步的了解，是因爲他和一般普通人一樣，認爲言辭並不是眞的重要，要緊的祇是言辭所代表的「觀念」。但是什麼是「觀念」呢？除了把腦筋裡的活動轉變爲言辭外，還有什麼別的可能？但是密支先生却很少，或者可以說簡直從來不，想到這一點的。他老認爲眞正重要的事，是要先把觀念弄明白，辭句自然而然會沒有問題的。至於許多奇怪的事實——譬如說，有些字的含義也許會把人搞糊塗了，引他到牛角梢裏去，有些字却或許不會如此；有些字爲了有歷史上和情感上的關係，在應用時會引起各種回憶和感想，使人無法冷靜地討論下去，又譬如說，語言有種種不同的用處，我們倘若把兩種不同的用途弄錯了，就要引起很大的糾紛；還有那些說着在結構上和英文截然不同的語言（例如日文、中文、土耳其文）的人，可能和說英語的民族在想法上不完全相同。這種種奇怪的事實，他就不很知道，平時也從來不大注意。

可是，不管密支先生是否自己知道，他生活中的每一個鐘點，都不但要受他聽到的和運用的言辭的影響，而且還要被他無意中對語言所下的臆斷所支配。譬如說，他喜歡亞爾伯特這名字，很想用它來叫自己新生的小孩，却又因爲迷信，暗中不敢，因爲他從前所認識的一個叫亞爾伯特的人，是自殺而死的。在這一點上，不管他自己有沒有注意到，他的行動是受了「語言和現實有關係」這一假設的支配，這種無意的假設，決定了言辭對他發生的影響，因此也就間接地決定了他的行動方式，無論他的行動是聰明，還是很傻。總之，語言——怎樣運用自己的語言，對別人的語言又怎樣地反應——是形成他的信仰、偏見、理想和抱負的重要因素。它們構成環繞着他的道德的及學術的氣氛——總之，它們構成他的字義環境（Semantic environment）。

本書是專門爲了研究語言、思想和行爲間的關係而寫的。我們要探究表現在人們的思想（其中十成至少有九成是自言自語）、說話、聽話、看書和寫作中用的語言及他們的語言習慣。本書的基本假設是：同類之間，通過語言，廣泛地合作，是人類生存的基本工具。另外還有一個並行的假設是：假若談話的結果是產生或增加爭端和衝突（事實上常常如此），不是說的人有毛病，就是聽的人有毛病，要不然就是大家都有毛病。人類「適者生存」的能力，就是指大家用適當的方法說、寫、聽、讀，使你和其他和你同類的人一起都能有更多的機會，共同在世界上繼續生存。

# 第二章　符　號

利用符號來作象徵的需要，確實祇有在人類間才明顯地表現出來。就像吃、看、行動一樣，創造符號是人類最主要的活動之一。在人的心靈中，它是一個永遠不停的基本過程。

——蘇珊・蘭格

人類的一切成就，都以使用符號為基礎。

——亞爾佛萊・柯樹勃斯基

## 象徵的過程（Symbolic Process）

禽獸們爲着爭取食物或領袖地位爭鬥，可是牠們却從來不像人類一樣，掠奪代表食物（例如紙幣、股票、地契等代表財富的紙張），或是領袖地位（例如勳章）的表記的。除了一些極簡陋的方式外，禽獸們似乎從來也不注意到一樣東西可以代表另外一樣東西的。

這一個使人類能夠故意用一樣東西來代表另外一樣東西的過程，可以叫做象徵的過程。祇要有兩個或兩個以上的人，能夠互相交換意見，他們就可以隨時同意用一件東西來代表另外一件。譬如說，現在我們有兩個符號：

X　Y

我們可以約定以X代表鈕扣。Y代表弓。然後我們又可以自由地變更計劃，將X代表李白，Y代表杜甫，或是X代表美國，Y代表中國。唯有我們人類，才能隨心所欲，自由地創造並運用我們的符號，而且給予這些符號各種價值。事實上，我們還能更進一步，用符號來代表別的符號。譬如說，倘若有必要的話，我們可以用M來代表上面X所代表的一切（鈕扣、李白、美國），N代表Y的一切（弓、杜甫、中國）。另外我們還可以再創造一個符號T，代表M和N。這樣，這個T就變成符號的符號的符號。這種創造有任何指定價值的符號，或者制定符號以代表其他符號的自由，在我們所謂的『象徵的過程』中，是不可缺少的。

我們隨便走到那裡，都可以看到象徵的過程正在進行。印第安人在頭上揷幾根羽毛，現在國家的軍官在制服的袖口縫幾條臂章，用來表示在軍界上的地位，原始的民族用介殼和銅環，近代的民族用紙幣，來表示財富；十字架代表基督教；徽章，麋鹿的牙齒，緞帶，和各種別緻的裝飾方法，譬如特別的頭髮式樣，特別的紋身花紋等，來代表不同的社會關係。武士、警察、門房、送電報的工人、紅衣主教、國王等，穿着不同的服裝，以代表不同的職業。野蠻人搜藏敵人的頭皮，大學生珍藏各種榮譽與學會所贈予的鑰匙，來表示他們在自己本行裡得到了的勝利。我們所做或想做的事情，所享有或希望享有的物件中，很少是祇有機械或生物的價值，而另外沒有象徵的價值的。

托爾斯坦・范白倫寫過一本書，名叫「有閒階級說」，其中指出一切時髦的衣飾，都是極富象徵意義的。材料、式樣和修飾的選擇，受溫暖，安適或實用價值等顧慮支配的程度，實際上非常之少。有錢的階級穿了精美的刺綉，容易弄髒的衣料，漿硬了的襯衫，穿的衣服越漂亮，行動的自由越少。高跟鞋，手上留着又尖又長的指甲，以及其他種種使身體上很感覺不舒服的事情，他們的目的之一，就是想要表示他們可以毋需賴勞動謀生。在另外一方面，一般並不如此富有的人，也摹倣這些財富的表記，和有錢人一樣打扮，表示他仍相信自己雖然得靠做工過活，却也和有錢人一樣地「高等」。我們請客時，常愛在桌上擺些貴重的菜，並不一定因爲貴的菜比便宜的菜好吃，而是因爲那是對客人尊敬的表示。

這種繁複而顯然不必要的行爲，使得一般專門和業餘的哲學家們，一次又一次地追問：「爲什麼人類就不能過簡單而自然的生活呢？」繁複的人生，常常使我們對於貓狗們比較單純的生活，感到異常羨慕。但是，象徵的過程固然使人類做了許多不合理的行爲，却也產生了語言，並且使沒有語言就不能實現的種種人類的成就得以實現。我們不能因爲汽車「出岔兒」的機會比手推的獨輪車多，就提倡復古坐手車。同樣地，我們也不能因爲象徵過程會引起種種複雜可笑的舉止，而主張回到像貓狗一樣地原始的生活裏去。比較理想的一個解決辦法，是着手了解這象徵過程，庶幾可使我們不再去做它的奴隸，而至少在某種程度以內，變做它的主宰。

# 以語言作爲符號使用

在各種使用符號的方式中，語言是最發達，最精巧，最複雜的一種。我們前面已經說過，人們只要能互相同意，可以用任何一樣東西，來代表任何另外一樣東西。經過了幾千百年互相依賴的結果，人們已經互相同意，將他們能用肺、喉、舌、齒、唇各部份發出的各種聲音，組織起來，代表他們神經系統裏的各種不同的反應。這一種大家同意了的系統，就叫做語言。譬如說，我們講中國話的人，有過了逐年累月的練習，現在只要我們的神經系注意到了某一種動物，我們就可能會發出下面這種聲音：「這是一隻貓」。任何聽見這句話的人都會想，要是他和我們向同一方向張望，他的神經系裏也會經驗到同一種現象，因此使他發出幾乎是一樣的聲音。再譬如說，當我們感覺到需要食物的時候，我們也會習慣地發出聲音道：「我餓了」。

前面已經說過：一個符號和它所代表的事物間，並不一定有聯帶關係。我們可以說：「我餓了」，而事實上却沒有一點飢餓感覺。並且，就像社會地位可以用揷在頭髮上的羽毛，刻在胸前的花紋，掛在錶鍊上的金飾物，以及其他千百種按照我們文化背景的不同而各異的方法，表示出來，所以我們的飢餓也可以按照我們各人的文化背景，用千百種不同的語言表達出來。無論我們是法國人，德國人，意大利人，或西班牙人，我們都能用自己的語言說：「我餓了」。

無論這些事實一眼看來是多麼的簡單，我們只要把這問題好好地想一想，就會知道實際上並不盡然。舉個例子說：我們知道符號和它們所代表的事物原來是沒有聯帶關係的，可是我們却感覺到它們間好像不免有些連繫似的，而且在行動裏有時也有這樣的表示。譬如說，我們大家都有點似是而非地覺得，外國文根本就是不合理的：外國人稱呼各種東西的方法，那麼滑稽，他們爲什麼不會用對的方法去稱呼它們呢？英國人和美國人在國外旅行時，往往把這種感覺表現得十分淸楚，因爲他們似乎眞個相信，只要聲音叫得夠大，就能使任何別國的人懂得英語似的。據說有一個男孩曾經告訴過別人：「猪叫做猪，因爲牠們是那樣骯髒的動物。」那些英美遊客也是如此，他們也覺得符號和它們所象徵的事物，在某種意義上是不可分的。此外，還有人覺得「蛇」是一個臭惡、卑鄙而奸詐的字，因爲蛇是「臭惡、卑鄙而奸詐的生物」。（而事實上，蛇却並不奸詐。）

## 觀劇時易生的錯覺

我們不但對於語言中的象徵過程幼稚無知，對於其他各種表記也是如此。以戲劇而論——無論是舞台劇，電影或是無線電廣播的劇本——，差不多每一場觀衆裡，都會有人不能完全了解一齣戲不過是一組虛構的，象徵性的表演而已，一個演員只不過是代表別人，不管他演的角色是眞的人，還是完全虛構的。電影明星佛來德烈・馬區可能在一齣指定的劇本裏扮一個酒徒，演得十分逼眞，可是那並不證明他會喝酒，或者甚至是個酒徒，然而有些電影觀衆並不贊仰馬區的演技，反替馬區太太難過，可惜她嫁了這樣一個酒鬼。常常在影片裏扮法官的路易士・史東，接到過許多影迷的來信，問他法律上的問題。據說在幾年以前，愛德華·魯濱孫在幾部影片裏扮演匪徒，維妙維肖，有一次他去芝加哥，當地的流亡無賴眞個把他認做同志，竟打電話到他住的旅館裏去，向他致意。

這使我們記起許多有趣的故事。例如有一次，一個京劇團在中國鄉下表演，一個扮曹操的演得太賣力了，把農民們看得怒火中燒，跳上去抓住了他，一頓毒打，打得他遍體鱗傷。可是比其一般的觀衆，這些農民並沒有特別好笑的地方。例如說：好些人看了唱花旦的男角在舞台上做得嬌滴滴的，活像年輕貌美的少女，就眞個喝采捧場，似痴似狂。還有一次，上海有一位富家子弟看到一位明星在電影上演一個刼車的強盜，英勇倜儻，十分羨慕，也就去一輛電車上如法泡製，試驗起來，可惜他搶到一隻皮箱後，就從車門口向着後面跳，車子正在疾駛，他自然跌傷了腿，被送到醫院裏去。他的家人聽到了後，痛哭不已，因爲這位少年決不缺錢用，只不過是看電影入了迷而已。這一種眞假不分，虛實混淆的現象，可是說是對於許多觀衆，象徵的符號不但眞個像現實一樣，而且簡直替代了現實的地位，使他們看不到事實的眞面目了。

## 言辭並不是現實

以上所說的，不過是在言辭和符號問題上，幾個比較觸目的態度混亂的例子。作者認爲，我們都能夠知道，而且也應該知道，符號和它們所代表的東西，並不一定有聯帶關係。倘若大家確能一致而且永遠地這樣做，上面的一番話就可以不用講了；可是事實上却不如此。在我們大多數人的思想裏，多少存着些對於事物不正確的評價的習慣。這一點往往得怪社會不好。因爲在有些問題上，多數的社會都是有系統地鼓勵人們，養成把符號和它們所代表的事物混爲一談的習慣。例如說，以前日本崇拜天皇的時候，每所學校都懸有天皇的像片，倘若有一所校舍着了火，人們非得先把天皇的像片搶救出來不可，即使要冒生命的危險也在所不惜，（如果有人因此被燒死了，他會被追封爲貴族的）。在我們現代的社會裏，還有許多人受了環境的影響，寧可不吃飯，却不能不穿漂亮的衣服，以表示自己濶氣。最奇怪的是我們一披上漂亮的衣服，也就眞的感覺到濶氣起來了。在所有的文明社會裏，宗教信仰、公民道德、以及愛國心的標記，往往被看成比宗教信仰、公民道德和愛國心的本身更爲重要。在許多原始社會中，恐怕也是如此。在某種意義上，我們都和那些爲了要得榮譽獎，而在考試時作弊希望得高分數的學生一樣，覺得符號比它們所代表的事物，要重要得多了。

這種把符號和它們所代表的事物混爲一談的習慣，無論是個人的或是社會的，都會在各種不同的文化階層上，造成相當嚴重的情形，而形成一個人類永久的問題。自從近代各種溝通知識的工具發達以來，這個分不清言辭和現實的問題，已經變得格外急迫了。由於無線電、郵政制度等種種媒介，隨時隨地都有人和我們說話——教師、牧師、推銷貨品員、報紙、政府機關、有聲電影……。

我們現在所處的環境，是由許多前所未有的字義的影響（Semantic influences）所形成，並且大部份是由它們創造的；我們看到的是大量發行的報章雜誌，其中許多都是受編輯和發行人私人意見所支配的。我們聽到的是無線電的廣播節目，差不多全是以營利爲目的。我們處的是一個非常興奮，却也充滿了危險的環境！卽使說希特勒用無線電征服了奧國也並不算距離事實太遠。

因此，一個現代社會裡的公民的需要，不僅是「常識」而已。他們必需對於一般符號（尤其是言辭）的能力和限度，有一個科學化的理解，才能不致於被他們複雜的字義環境完全沖昏了頭腦。關於符號的原則，第一條就是：符號並不就是它們所代表的東西，言辭並不就是現實；地圖並不就是它所代表的地區。

## 地圖和地區

就某一種意義說，我們都在兩個世界裏生活。第一個世界是環繞着我們，由於我們自己直接認識的事物造成的。這個世界非常小，因爲它祇包括我們眞正親身看到，接觸到，聽到的一連串事物那些不斷在我們感官前流過的事物。就這個親身經歷的世界而論，非洲、南美洲、澳洲、華盛頓、紐約、或落杉機，這些地方，除非我們親自去過，都是虛無飄緲之鄉。我們只要審查一下自己有多少直接得到的知識，就可發現我們知道得實在非常少。

我們多半的知識是從父母、朋友、學校、報紙、書本、談話、演講和無線電等，經過語言的媒介而得到的。舉個例子說，我們的歷史知識，全部是由於語言得來的。我們知道從前曾經有個滑鐵盧戰役，因爲我們的書本上有過這樣的記載，或是聽到別人說，此外就沒有別的證據。作這樣報告的人並沒有親眼目睹，他們也是根據別人報告寫的。這樣一步步地推溯上去，直到最後才是親自看到那次戰役的人直接做的報告。因此，我們多半的知識是從報告，或是報告的報告得來的。我們的政府是怎樣組成的？現在印度國內的大局怎樣？城裡的電影院在映什麼影片？任何一件我們無法直接體驗到的事物都是如此。

讓我們把這個通過語文學到的世界，叫做**言辭的世界**（Verbal world），把我們直接知道的，或是能由個人經驗而直接知道的世界，叫做「**外向的世界**」（Extensional world）（至於爲什麼要用「外向」這個名詞，在本書後面將討論到）。就像別的動物一樣，人一生下來就和外向的世界接觸，可是一到有了理性以後，他就和別的動物不同，開始接受報告，報告的報告，和報告的報告的報告了。同時他又接受由報告得來的推論，和由別的推論得來的推論的推論等等。每一個幾歲大的孩子，上了學校或是主日學校，並且認識了幾個朋友後，就在道德、地理、歷史、自然、人物、遊戲等等各方面，積聚到相當數量的間接知識——這些知識加起來，就是他言辭的世界。

這個言辭世界和外向世界間的關係，應該像**地圖**和它假定代表的**地區**間的關係一樣。一個孩子逐漸長大成人，倘如他腦筋裡的言辭世界和他在日益增多的經驗中所接觸到的外向世界，相差並不太多，到了成人後，他就可以不會有太大的危險，對他所發現的現實感到驚愕，或者痛心，因爲他的言辭世界已經告訴了他，對什麼可以多期望些，對什麼祇能少期望些了。他對於自己的生活已經有了準備。可是倘如在成長時，腦筋裡存了一幅錯誤的地圖，充滿了錯誤的知識和迷信，他就會不斷地遇到麻煩，浪費精力，行動像個傻子。他不但不會適應實際，而且，如果他和現實脫節的現象過於嚴重，也許會弄到進精神病院。

在我們因爲腦筋裏存有了錯誤的地圖，而做出來的那些愚蠢可笑的事件中，有些簡直普通到大家都已不覺得奇怪。有些人出門時在袋子裏放一隻兔子的脚爪，以防意外；有些人不肯睡在旅館裡的第十三層樓上（關於對「十三」的忌諱，事實上已極普遍，連得西方科學知識十分發達的城市裡，多數的大旅館都是跳去第「十三層」樓不要的）；有些人相信算命；有些人在賭牌九或買彩票前，先要去廟裡拜神求夢；有些人把他們所用的牙膏，換一種牌子，希望能夠因此有更白一點的牙齒。這些人都是在一個和外向世界極少符合，或者甚至簡直完全不能符合的言辭世界裏生活着的人。

事實上，一張地圖倘如不能正確地表現出各個地點間相互的關係，或是一個區域內的結構，那麼無論它多麼好看，對於一個旅行的人仍是毫無用處的。譬如說，我們畫了一張湖泊的圖，爲了要增進美感，竟在湖的輪廓上畫了一個大缺口，這張地圖就完全沒有價值了。但是，倘如我們畫地圖的目的祇是爲了好玩，對於該區實在的地形，一點也不管，那麼我們儘可以隨意地把湖泊、河流和道路多扭上幾扭，多彎曲幾道，沒有東西可以來阻止我們的；因爲除非有人要按照這樣的一張地圖旅行一次，它不會發生任何害處的。

同樣地，我們可以用想像的或是錯誤的報告，從正確的報告得來的錯誤的推論，或者漂亮些的詞藻，隨意以語言創造與外在世界毫無關係的「地圖」。除非有人把這種「地圖」錯認爲代表眞正的地區，它們也是不會產生什麼害處的。

我們每個人都承襲了許多無用的知識，錯誤的印象和謬見（那些都是我們從前認爲是正確的地圖），因此我們所學到的，總有一部份是必須捐棄的。但是我們由自己文化中承襲到的遺產（也就是我們合群搜集到的科學和人文方面的知識），所以被人重視，主要的是因爲我們相信它供給了我們一些眞能代表經驗的正確的地圖。言辭世界和地圖間的相似處，是很重要的一點，以後在本書中還要時常提到。我們在這裡應該注意，一共有兩種不同的方法，可以使我們的腦筋裏裝了錯誤的、和這個世界不合的地圖：第一種是別人給我的地圖，原來就是錯誤的；第二種是別人供給我們的地圖是正確的，但是我們自己對它們誤解了，因而創造出錯誤的地圖來。

# 第三章　報告用的語言

在人類的說話裏，不同的聲音表現不同的意思。研究語言就是研究某些聲音和某種意思發生出什麼樣的聯繫，這種聯繫使人與人間相互的行動，能夠變成非常準確。譬如說，當我們告訴別人一座他連看都沒有看見過的房屋在什麼地址時，我們所做的事，是沒有別種動物能夠做到的。

——賴歐那德・勃魯姆菲而德

很久以來，模糊而無意義的說話方式以及濫用語言的惡習，早已冒充為神秘的學問了。艱難或用錯了的文字，縱然是極少或者簡直沒有任何意思，也因為習俗規定的緣故，竟然有特權被誤認為深奧的學問和極高的理論。要想說服講着或聽到這種語言的人，使他們相信這種語言不過是愚昧的掩飾品、真知識的障礙物，倒並不是一件容易事。

——約翰・洛克・

從交換知識的立場講來，我們基本的象徵動作（Symbolic act），就是把我們所看到、聽到和感覺到的報告給別人：「這條路每邊都有一條溝。」「你祇要化上個二元七角五分錢就可以在史密斯的五金店裏買到這個了。」「湖的那一邊沒有魚，這一邊却有魚。」此外，還有報告的報告：「全世界最長的瀑布是落諦西亞的維多利亞瀑布。」「海斯丁戰役發生於一〇六六年。」「報上講，在第四十一號公路上，依文斯維爾附近，發生了一椿大的撞車案子。」一般報告都遵守下面兩條規則：一、他們是可以證實的；二、它們儘可能地避免推論（Inferences）和判斷（Judgment）。（這兩個名詞的意義，後面將有解釋。）

## 可証實性

報告是可以證實的。我們也許不能每次都親自去證實它們，因爲我們無法爲自己所知道的每一段歷史，都追查到證據，我們也無法在物證還沒有搬開之前，就大家都去依文斯維爾觀察撞車後的種種情形。但是假若我們對於物件的名稱，度量衡制度和測量時間的方法，能有個大概的規定，我們互相誤解的危險就比較得少了。卽使在現在，每個人都好像是在和別人爭吵的環境裏，我們還是互相相信各人的報告，而且相信到一個驚人的地步。我們出外旅行時，向完全陌生的人問路，又照着路牌上的指示前進，一些也不懷疑裝置那些路牌的人。我們閱讀載有科學、數學、汽車工程、旅行、地理、服裝史、和其他種種實際知識的書籍時，心裏總有一個假定，認爲作者們一定會把他們知道的一切，力求準確地告訴我們。在多半的情形下，我們這假定是安全的。目前大家正在着重討論我們的報紙和宣傳人員如何地有偏見，我們所得到的許多消息如何不翔實，在這當兒，我們可能會忘記我們還有大量可靠的知識，可以取用，而且除了在戰時外，故意去錯報消息的現象仍然是例外，而不是常規。求生存的慾望迫使人們發明交換知識的工具，同時也逼迫他們認爲供給別人錯誤的知識，是應該深受譴責的。

報告的語文發展到最高的程度，就成了科學的語言。所謂「最高的程度」，是指最廣泛的功用。一般人——無論是基督教徒和天主教徒、工人和資本家，德國人和英國人——對於2×2＝4，100°C，HN 03，3：35 A.M.，1941 A,D.，5000 r.p.m.，1000 kilowatts，等等記號的意思，都是意見一致的。但是我們不妨追究一下，一般人在所有其他的問題上——政治思想，倫理觀念，宗教信仰，商業成敗等 既然都要爭個你死我活，他們怎麼還能對上述這些記號一致地同意呢？我們的答案是：不管人們願不願意，環境會強迫他們同意的。舉個例子說，倘若在美國有上打不同的宗教派別，每派都堅持用自己的方法來稱呼月份，日子和時刻，我們就不但必須將各組名稱翻譯來，翻譯去，並且還要有上打不同的日曆，手錶，以及在商業，火車行駛和無線電廣播節目上用的時刻表。那麼，像我們現在這樣的生活，就會變成不可能的了。

所以報告的語言——包括最正確的、科學上用的報告——是一種「地圖」的語言，能幫助我們把事情做好，因爲它把它的「地域」相當正確地指出來了。這種語言也許常常會是我們平常所謂「枯燥」或「沒有趣味」的語言：很少有人會把閱讀對數表或電話簿當做娛樂，但是我們就不能沒有它們。我們在日常生活中說話或寫字時，每天都有無數的場合，需要我們將自己的意思用每個人都同意的方法陳述出來。

## 推論

讀者會注意到，練習寫報告文是增進他對於語言的注意力的一個捷徑。這種練習能不斷地使他從寫作經驗裏，對於正在討論着的語言和解說的原理，自動地得到許多例子。這些報告文的內容應當是作者直接得到的經驗——他所親眼目睹的情景，他所親身參加的集合和社交活動，以及他所熟識的人物。它們的題材必須能被證實，並且能獲得大家同意。要作這種練習，必須避免作推論。

這並不是說推論不重要。無論在科學或是在日常生活裏，我們依賴推論的地方和依賴報告的地方一樣多。在有幾門學問裏——例如地質學，古生物學和原子物理——報告是基礎，推論（以及推論的推論）却是骨幹。在本書中，推論是指根據已知的事物對於未知的事物所作的陳述。從一個女子漂亮的衣着，我們可能推測出她的財富和社會地位；從大火後的遺跡，我們可能推測出這場毀壞屋宇的火災是怎樣起源的；從一隻長滿了胼胝的手，我們可能推測出這個人的職業屬於什麼樣的性質；從一個參議員對於整軍法案所投的票，我們可能推測出他對俄國的態度；從土地的結構上，我們可能推測出史前期的冰川所流過的路線；在沒有感光的軟片上發現有光暈，我們可能推測出在那附近有輻射性的物質存在；從一部機器所發出的聲音，我們可能推測得他連接桿的狀況。推論可能是很當心，也可能是不當心地推斷出來的。有的可能有對於本題極豐富的經驗爲基礎，有的可能完全沒有。譬如說，一個好的機械匠往往只要一聽馬達開動時的聲音，就可以對於他內部的狀況，得到驚人正確的推論；可是假若一個外行的人也要推測，他的推論也許會是完全弄錯的。但是一切推論都有一點相同的性質——：那就是說，它們都是根據了已經觀察到的事物，對於並不直接知道的事物所作的結論。

要想在我們上面所說過的報告文練習中摒除推論，我們必須不管別人心裏如何想才行。「他發怒了」，這一句話並不是個報告，祇是一個推論，是由下列可以觀察得到的事實得來的：「他拍桌子罵人，擲東西。」當然在這一個例子裏，這推論似乎是相當穩當的；但是，特別為了要訓練我們自己的緣故，我們應當記住它祇是一個推論。一切根據隨隨便便地觀察社會現象就冒然得來的說法，例如「他從前覺得他自己了不起」，「他以前看到女孩子就害怕」，「他有自卑感」等等，或是從馬馬虎虎地看報得到的想法，例如「俄國的目的是要在全世界上建立共產黨獨裁」等等，都是推論氣息非常濃厚的。我們應該記住他們是推論，在作報告練習時，應該不用那些話，而用上面的語法代替：「他以前很少和他廠裏的下屬說話」，「我在」個舞會裏看到過他，除了有一次一個女孩請他同舞外，他一隻舞也沒有跳」，「他不肯申請獎學金，雖然我相信他可以垂手可得」，「出席聯合國的俄國代表團要求甲、乙、丙。去年他們投票反對庚、辛，贊成戊、亥。根據了這些事實，我讀的報紙就推測說，俄國眞正的目的是要在地球上建立共產黨獨裁，我對這個意見，是傾向同意的。」

## 判斷

要作本章內所提議的練習，判斷也是必須摒除的。所謂判斷，就是指作者對於他所描寫的事、人、物的一切贊許或不贊許的表示。舉個例子說，一篇報告文不可以說：「這是一輛了不起好的汽車」，它祇能說像下面這一類的話：「這輛車子已經開過五萬哩了，從來沒有需要修理過。」又譬如說，「老張對我們說謊。」是一個不能用的句子，我們應該採用比較容易證實的說法：「老張對我們說他沒有帶他汽車上的鑰匙，可是幾分鐘之後，當他從袋子裏摸出了一塊手帕來的時候，就有一串汽車上的鑰匙掉出來了。」還有，一篇報告文不好說：「那位參議員的態度固執，倔強，不肯合作」，或者，「那位參議員勇敢地固守他的原則。」它一定得這樣講：「那位參議員是唯一投票反對那法案的人。」

許多人把「老張對我們說謊」，「老李是個賊」一類的話當作是陳述「事實」。可是「說謊」這兩個字的本身，平常就先包括一個推論——老張知道他所說的和事實不符，可是他却故意要那樣講——，又包括一個判斷——說這話的人推測到了老張做過什麼事，他不贊成——。第二個例子很可以用下列的話來代替：「老李曾被判偷竊罪，在監獄裏關過兩年。」因爲說一個人是賊，就簡直是等於說：「他從前偷過東西，將來還會再偷。」這就是預言的成份多於報告了。就是說：「他從前偷過東西，」都是又作推論，又下判斷，因爲在他從前被定罪的時候，審查證據的人就可能有過不同的意見。但是說他「被判偷竊罪」，却是敍述一件祇要用法庭和監獄的記錄證實一下，就可以大家同意的事實。

要有科學化的證明，一定要有對事實冷靜的觀察，不是將許多判斷累積起來就行的事。若是有一個人說：「小周是個沒用的傢伙。」另外一個人就接着道：「我也是這樣想。」這番話就沒有得到證實。在法院裏審問案件的時候，有些證人不能將他們自己的意見和形成他們意見的客觀事實分開，因此有時引起相當多的麻煩，法官必須盤問好些時間，方才能弄明白他們究竟是根據了什麼事實，才會有這種種看法。

當然，有許多字同時是報告事實，又是下判斷的。在寫作這裏所指的報告文時，這些字必須避免。與其叫人「官僚」，我們不如說「政府官員」，與其叫人「游民」，我們不如說「無家可歸的失業者」與其罵人「神經病」，我們不如說「他的想法與衆不同」。舉個例說，一個新聞記者是不可以這樣寫的：「一羣大傻瓜昨晚到一座搖搖欲墮，沒有防火設備，從前曾爲盜匪盤踞之所，現在是本城南端之恥的破房子裏，聽史密斯參議員談話。」他眞正發表的是：「昨晚史密斯參議員於本市南端『常綠園』演講，到會者七十五至一百人。」

## 「怒詞」和「喜詞」(Snarl-words and Purr-words)

在閱讀本書時應當記得，我們在這裡並不是將語言看作一種孤立的現象來研究，而是從它在人類的活動——那些構成它的背景，而不屬於語言範圍的全部文氣（Context）——裏的作用來研究它的。用聲帶發聲是一種肌肉活動，和別的肌肉活動一樣，也常常是不由自主的。我們對於強有力的刺激——譬如說，一樣使我們非常憤怒的事情——的反應，是許多肌肉和生理現象的綜合，我們的戰鬥肌肉收縮了起來，血壓加高，身體的化學成份起了變化，用力抓住頭髮……還要加上咆哮作聲。也許我們已經太尊嚴了一些，不能像狗一樣唁唁大叫了，但是我們所做的事，也僅不過略勝一籌而已，因爲我們會罵起人來：「該死的東西！」「混蛋！」同樣地，假若我們爲快感所激動，我們雖不會像小貓一樣地搖尾巴，低聲嗚嗚的叫，却也會說：「她是世界上最好的女孩子，」等等一類的話。

這些話是直接表示贊成或者不贊成的，因此是最簡單的判斷。我們可以稱它們爲人類的「怒」和「喜」的方式。「他是世界上最好的好孩子，」並沒有說出那女孩子究竟是怎樣的；它祇不過是表示快慰的聲音而已。這一點看來似乎很清楚；可是，不知道有多少次，當說者說了這句話，聽者聽到了以後，兩方面都認爲已經講起過關於這女孩子的事了。有些演說家或是報紙社論在興奮地控制「共產黨」，「貪婪的獨佔資本家」，「華爾街」，「激烈份子」，「外國思想」，或是過份頌讚「我們的生活方式時」，倘若我們分析一下他們所用的辭句，就可看出這種錯誤特別多。動聽的字眼，繁複的句子結構和表面上似乎是層層深入的理論，常常會使我們感覺到「言之有物」。可是祇要仔細地審查一下，我們就會發覺這些話的意思祇不過是：凡是我們所恨的（「共產黨」，「華爾街」等），我們就恨到極點，凡是我們所喜愛的，（我們的生活方式等），就愛到極點。這些辭句都可以叫做「怒詞」和「喜詞」，它們決不是描寫外向世界中實際狀況的報告。

把這些判斷叫做「怒詞」或「喜詞」，並不就是就此完結，而是要我們小心地確定它們的意思，究竟屬於那一類——「她是世界上最好的女孩，」這樣一句話，應該認做是說者心境的表現，而不是任何關於那女孩的事實的顯示。倘若有關「共產黨」或是「貪婪的獨佔資本家」的那些「怒詞」，有了可以證實的報告作爲後盾——這也就是說，所謂「共產黨」，或「貪婪的獨佔資本家」究竟指什麼人，我們在事前已經有了諒解　我們也許能夠找到和說話的人一樣地激動的理由。倘若關於「世界上最好的女孩子，」那些「喜詞」有能夠證實的報告作後盾，證明了她的外表、風度、烹飪技術等各方面確是勝人一籌，我們也許也能找到贊美她的理由。不過，倘若祇有「怒詞」和「喜詞」，而沒有報告作爲後盾，我們最多只能想到一個問題：「你爲什麼有這樣的感想？」此外就沒有別的可以討論下去了。

「羅斯福總統是一個偉大政治家，還是一個技巧的政客呢？」「華格納是有史以來最偉大的音樂家，還是發神經病似地亂嘈亂叫呢？」「網球和棒球那一樣是較好的運動呢？」像這類問題，祇允許你在兩個絕對相反的答案中挑一個，因此，無論你贊成那一方面，都把自己降低到和對方同樣固執愚蠢的程度裏去了。可是我們設若換一個方式問問題：「你爲什麼喜歡（或是不喜歡）羅斯福（華格納、或是網球）？」我們就可以對自己的朋友或者近鄰多增加一些了解。當我們知道了他們的意見和理由以後，也會變得比討論以前稍稍聰明一些，稍稍多知道一些，或是稍稍公正一點。

## 判斷如何阻礙了思想

判斷（如「他是一個好孩子」，「那次宗教禮拜眞美」，「棒球是一種健康的運動」，「她非常使人討厭」，）這一種結論，總結許多以前已經注意到的事實。許多學生從老師那裡得到了一個作文題目後，常常寫不到老師規定好的長度，因爲他們祇做了一兩段，就把全篇意思說完了，這一點讀者們大概都很熟悉。他們可以寫不下去，是因爲他們在頭一二段文字裏判斷太多，所以以後就沒有什麼可說了。若是他們並不一開頭就下結論，先講看到的事實，決不會有寫不長的困難的。事實上，這樣的作文往往流於太長，因爲一般沒有經驗的作者分辨不出那些是重要的，那些是不重要的材料，往往一聽說要舉事實，就會舉得太多。

在一篇作文剛開始不久時就下判斷，另外還會有一個結果，那就是作者本人會一時看不清楚問題；在我們日常思維中也是如此。譬如說，倘若我們寫一篇作文，一開始就說：「他是一個道地的銀行家」，「她是一個典型聰明伶俐的女生」，如果我們要想再寫下去，就非得使後面說的話和前面的判斷符合不可。這樣，這個「銀行家」這位「女生」，本身有什麼特別的個性，就完全理會不到了。下面所說的就不是看到的事實，而是作者個人從他以前看過的小說、電影、畫片等所得到的關於「銀行家」或是「典型的女生」的印象了。換一句話說，判斷下得太早，往往會使我們看不清就在眼前的事物。即使作者在作文開始時已經肯定他要描寫的人是一個「懶蟲」，他要描寫的風景確是一個「美麗的郊外住宅區」，他也該認眞地暫時把這種觀念擯諸腦外，以免看不清楚事物眞象。

## 偏倚（Slanting）

在寫作報告個人經驗的文章時，我們會發覺無論自己如何努力，設法不下判斷，還是不能完全避免得了判斷的。譬如說，我們可能這樣地描寫一個人：「他顯然地，已經好幾天沒有剃過鬍鬚了。他的臉上和手上都滿是骯髒，他的皮鞋已經開了口，他的大衣比他的身材要小好幾號，上面滿都是乾了的泥跡。」這樣一段文字雖然沒有下任何判斷的話，却包含着一個很明顯的意思。現在讓我們把這段文字，和另外一段也是描寫這個人的文字，對比一下：「雖然他的臉上長着鬍鬚，好久沒有剃過，可是他的眼睛是清朗的。當他在路上走的時候，筆直地向着前面看。他看來好像很高，也許是因爲他的大衣在身上綳得太緊了，所以加強了這個印象。他的左脇下挾了一本書，後面跟了一隻小狗。」這第二段文字加了一些新的細節，又將其他對這人不利的細節，移到不顯著的地位，就使我們對於同一個人的印象，改變了不少。所以，我們的文章裏就算不容許明顯的判斷插足，也免不了要有含蓄着的判斷鑽進來的。

既然如此，我們究竟有沒有寫個公正的報告的可能呢？回答是：我們只要是用着日常的語言，就沒有達到完全公正的可能；即使是在極客觀的科學的語言裏，有時也會很難辦得到的。可是我們只要能領悟到某些字或某些事實，能夠引起何種有利或者不利的感覺，那麼，就實用的目的說，我們就能達到足夠公正的地步了。這種領悟能幫助我們把含蓄着的好的和壞的判斷，衡量一下。倘若有人想學這種衡量的方法，他可以同時寫兩篇關於同一個題目的純粹報告文，放在一起唸。第一篇文章裏可以寫些可能使讀者對這題目發生好印象的事實和細節，另外一篇可以寫些可能給讀者壞印象的材料。舉個例來說：

好的　　　　壞的

他的牙齒潔白。
他的眼睛是藍色的，他的頭髮是淺黃的，很多。
他穿着一件乾淨的藍襯衫。
他常常幫太太洗盤子。
他教區裏的牧師很稱譽他。

他的牙齒凹凸不平。
他很少直對着人看。
他襯衫上的袖子已經磨損了。
他很難得在拭盤子時不打破幾個的。
他老去照顧的雜貨店老板說，他每次付賬都要拖延幾天。

## 同時向兩邊偏倚

故意挑選材料，使讀者對於所寫的題目，能發生好或壞的印象，這一個過程，可以叫做偏倚。偏倚的文字不發表顯明的判斷，却故意使得讀者無法避免某一些判斷，所以和報告不同。想要寫得公平的作者，可以設法在同一篇文字裏同時向好和壞兩方面偏倚，並且力求雙方平衡。下一步的練習，就是要將上面所說的兩篇對立的文章，寫成一篇連貫的文字，將兩方面的材料都包括進去。

他的牙齒很白，却是不平；他的眼睛是藍色的，他的頭髮是淺黃的，很多。他很少直對着人看的。他襯衫上的袖子雖然已經磨破了，却很乾淨。他常常幫忙太太洗拭盤子，可是打破了許多。社會上對於他的意見很不一致。他常常照顧的雜貨店老板說他每次付賬總要拖欠幾天，不過他教區裏的牧師却很稱許他。

這當然是過份簡單，而且確實不很優美的一個例子。但是練習寫這種文章，第一點好處就是能使人不致於再不知不覺地，從能看到的事實一下跳到判斷上去。那就是說，使人不致從「幫會」忽然跳到「下流的流氓」。第二個好處是幫助我們了解，在一切和我們自己的利害有密切關係的問題上，例如我們的摯友、父母、母校、子女、國家、就職的公司、自己出賣的貨物、對手出賣的貨物等等，我們是很少眞心想變得公平的。最後我們還會發現，倘若我們竭力遵照事實的話，卽令我們並不想大公無私，也會寫得更淸楚，更有力，更容易說服人。

像這樣的練習寫報告文，偏倚的報告文，和向兩邊偏倚的報告文，幾個星期下來，就會增進我們觀察的能力，並且幫助我們看出，別人的文字裏觀察事實是否準確。若是我們對於事實和判斷，以及事實和推論間的不同，能夠更敏銳地感覺得到，我們對於有些人爲了自私的目的，故意煽動起來的一陣陣狂熱的輿論，也能比較鎭靜些了。有些人能巧妙地運用偏倚的報告方法，使我們簡直無法不下可怕的判斷和推論。注意到偏倚的技術的讀者，是不會那麼容易受愚的。他知道得很淸楚，除此之外，另外可能還有其他有關的事實，故意沒有給提起呢。

## 發現自己的偏見

可是到了這裏，我們必須警告一聲。當一家報紙用了我們不喜歡的態度記載一次新聞，又把我們覺得不公平的方法，把我們認爲重要的事實遺漏了，把不重要的事實渲染起來的時候，我們往往免不了要說：「看呀，他們怎麼這樣地歪曲事實呢？多麼下流的手段！」講這句話的時候，我們當然是對該報的編輯作了一個推論。我們假定編輯先生對於什麼重要，什麼不重要，和我們的看法一樣，因而推測那些編輯們故意加強某某幾點，把讀者引入歧途。但是事實上是否一定如此呢？處身局外的讀者，是否可以說，一件新聞所以如此登載，是因爲編輯們「故意那麼歪曲」，還是因爲他們對這些事情，本來就是那樣看法呢？

要指出的一點是：每一個人的經驗，都得先由他按照自己的利益和背景，選擇節略了一番，因此我們大家（包括報館編輯）所得的經驗，都是一開始就「偏倚」的。一個擁護民主黨，擁護天主教，又極愛看賽馬的人，對於什麼事情是重要，什麼事情不重要的看法，一定和一個對這三者恰好都毫無興趣的人不同。所以如果有些報紙在公共的問題上，好像常常偏袒大商人，它們倒不一定完全是「故意」偏心，而多半是因爲在現代大城市裏出版的報紙，本身就是大企業，它們的發行人自己也就成了大商人，在工作和社交上，總是和別的大商人廝混在一起。雖然如此，一般最好的報紙往往盡量設法將世界上的時局正確地告訴我們，不管他們的老板是不是大商人，因爲辦這些報紙的新聞從業人員認爲在一切疑難的問題上，他們有責任把各種衝突的看法，公正地敍述出來。這種新聞從業人員才眞正的是「報告員」。

現在我們再回到談作文練習上去。我們所以要試着「向兩方面偏倚」，重要的並不是希望自己的思想和寫作眞能像天神一般地公正——因爲那顯然是不可能的，而是要發現我們多半的人是何等拙劣的「記者」——換句話說，我們既然不能不從自己的觀點來看這世界，所看到的就是多麼有限。發現自己的偏見是智慧的開端。

要是有兩個人爭論：「說一個，合作社可以救美國」，另一個回答道：「合作社對美國不合適」，他們最好就此不用再講下去了。可是，倘若他們間有一個人說道：「在我看來，合作社似乎可以解決我們的問題。」另一個人便道：「在我看來，合作社似乎是一種相當惡劣的制度。」那麼，他們之間還存在着繼續交換意見的可能。「人類間一切的協定或贊可……都要經過語言的程序才能成立，不然根本無法實現。」我們要感覺到自己的偏倚，而且酌量考慮到它，才能繼續進行語言的過程，最後也許竟能和別人得到一致的意見。

# 第四章　前後文

字典上的定義往往祇是另外用一組字來替代我們所不認識的字，這僅僅不過掩飾了我們沒有能真正了解而已。一個人遇到了一個不認識的外國字，查了下字典，知道它的意思是「鶩」，就不再向下追問了。「鶩」究竟是什麼？像什麼樣子呢；他一點也說不出來。我們並不是祇要咬文嚼字，就能真正了解人生和宇宙，我們必須和文字所代表的實物接觸才行。字典上的定義，反倒讓我們能夠將自己的愚昧隱瞞起來，不給自己和人知道。

——霍　斯

## 字典是怎樣編成的

每一個字都有一個正確的意義；我們學習這些意義，主要的來源是老師和文法家，（雖然平常我們多半不願費神學習，所以語言能力很差；）在一切關於意義和用途的問題上，字典和文法是最高的權威。這幾點幾乎是沒有人不相信的，可是很少有人會疑問，究竟是根據什麼權威，字典編纂者和文法家才會說這些話呢？大多數人順從字典的程度，簡直可謂驚人。誰若要說：「唔，那部字典錯了」

就準會被人看作是神經不正常。

現在讓我們來看看字典是怎樣編成的，編輯字典的人又是怎樣找到字的定義的。這裏所講的情形，只適用於根據獨立的直接研究結果，編纂出來的字典，並不指那些抄襲幾部別的舊字典，整理一下就算了的工作。要編一部字典，先要閱讀許多著作，對於這部字典所想要包括到的某某幾個時代，某某許多問題的書籍，都要看過。編輯們一邊讀看，一邊便把每一個值得注意，或是很少看到的字，每一個普通字的稀有或是特別的用法，許多普通字的平常用法，連同它們的前後文，整句地抄在卡片上。下面就是一個例子：

> 桶
> 牛奶桶帶了更多的牛奶回家了。
> ——濟慈：「安狄米恩」第一編，第四四至四五行。

這就是說，他們不但收集了那個字，並且還收集了它的前後文。編一部大字典——就像那部平常差不多總是裝訂成二十五册的「牛津英文字典」——，需要千百萬張這樣的卡片，幾十年的功夫，才能完成。卡片做好後，就按照字母排列，分類。分類完畢後，我們就可以看到，每張卡片上都有一段引用來說明這個字的文句。有的字祇有兩三張卡片，有的字可以有幾百張。

因此，要給一個字下定義，字典編纂者的面前，一定得有一堆解釋這個字的卡片。每一張卡片代

表一個在文學或歷史上相當重要的人物，某一次實際運用這個字的例子。編纂者將這些卡片仔細地看過，丟開一些卡片不要，再將餘下的仔細閱讀，然後再根據他個人所認爲是這個字的各種不同的意義，把這些卡片再分類放好。最後他才嚴謹地，照着放在他面前的那些字句所表示出來的某個字的各種意思，把定義寫下來。編纂字典的人是不能受他認爲「某一個字應該有什麼意思」那種主見的影響；他一定得根據那些卡片工作不可。

所以，編一部字典並不就是發表許多權威性的理論，說明什麼是什麼字的「眞正意義」，而是將不同的字，在過去作家的眼光中，代表什麼意思，儘量記載下來。字典的編纂者是一位歷史學家，而不是制定法律的人。譬如說，幾十年以前，編字典的人可以說「廣播」是「散佈」的意思，可是他們決不能在當時就下令指定，若干年以後，「廣播」一定得代表「無線電播音」。把字典看作是「權威」，無異於承認編纂字典的人能有先見之明，這是任何人都做不到的。當我們說話或寫作，不能決定用那一個字的時候，我們可以將字典內所載的，某個字過去的意義，當做指導。可是我們不應受它的約束，因爲新的情勢，新的經驗，新的發明，新的感情，隨時都在迫使我們用舊的字來應付新的用途。在古時，「鐘」只能代表用來敲打出聲的銅鐵器，現在它却也指「時鐘」了。

## 言辭的和具體的前後文（Verbal and physical context）

字典編纂者找尋字義的方法，事實上就是我們大家從小到老學習字義的方法，不過是加以整理而已。譬如說，我們從來沒有聽到過「木笛」這兩個字，有一天有人談話，其中有下面這些句子：

「他從前是本城裏木笛玩得最好的一個人。……每一次演奏到第三樂章的木笛部分，他就十分緊張……有一天我看見他在樂器店裏，買一個木笛上用的新的簧……他玩了木笛以後，就再也不喜歡玩長笛了……他說它太容易，所以沒有什麼好玩。」

我們原來也許並不知道這兩個字的意思，可是聽了這番話，就慢慢弄清楚了。從第一個句子裏，我們知道「木笛」是玩的，所以它不是遊戲就是樂器。第二句指明了它不可能是遊戲。以後每多聽一句，木笛的意義就更狹窄一點，直到我們最後得到一個相當清楚的概念爲止。這就是我們怎樣從言辭的前後文學到字義的例子。

但是卽使沒有言辭的前後文，我們也可以從具體的和社會的前後文裏學到字義。譬如說，你和朋友去玩足球，一邊踢球，一邊跟在球後面跑。你的朋友說：「你不知道怎樣盤球，讓我來教你。」「盤球」這個名詞祇消說過幾次，你就知道它是什麼意思了。你把球踢給你的朋友，他說：「這一下傳得好。」你就又知道了一個新字。不久，由於親身經驗，你就能知道「頂球」，「射門」，「越位」等名詞的意思了。要你下定義，你不一定會，可是應用時，你却不會錯。

差不多我們所有的言詞，（上面已經說過，言辭祇不過是複雜的聲音而已，）都不是從字典或定義學來，而是因爲在聽見某些聲音時，就有某些實際情況隨之發生，因此便將這些聲音和那些實際情況連繫在一起，而學到了它們的意義的。就像狗學聽人的話一樣。我們倘若常常把餅乾放在狗的鼻子前面，對牠說：「餅乾」，過了些時，牠就懂得這個字是什麼意思了。我們也是一樣。我們所以能學會說話，是由於我們在聽到別人發出某些聲音時，能察覺到同時有什麼現象發生——總而言之，由於察覺到前後文因而能瞭解到其中所包含的意義。

孩子們在小學校裏解釋字義的方法，顯然地表示出他們怎樣地把言辭和實際情形聯繫在一起的。差不多每一次下定義的時候，他們總是用具體的和社會的前後文來說明。「責罰就是你不乖時，他們把你關在小房裏，不讓你吃飯。」「報紙是報販送來，用來包垃圾的東西。」這些都是很好的定義。它們所以不能用在字典裏，主要的原因是它們太瑣碎專門了，要想把運用一個字時的無數實際情形，全都記錄下來，實在是不可能的事。因此字典上的定義是極爲抽象的定義，爲了要求簡明，所以不摻進任何瑣碎、特殊的例子。因此，倘若我們認爲字典上的定義能將一個字完全解釋清楚，我們就大大地弄錯了，這也是理由之一。

## 外向和內向的意義（Extensional and intensional meaning）

從這裏起，我們在討論字義時，就必需開始用幾個專開的名詞了：一個是外向的意義，以後也稱爲示義（Denotation）；另一個是內向的意義，以後也稱爲含義（Connotation）。簡單的說，一個聲音的外向意義，也就是我們在第二章裏說起過的，是它在外界裏所指點或表示的東西。那就是說，外向的意義是不能用言辭表達出來的，因爲它就是那個字所代表的東西。要記住這個定義有一個容易的辦法。每次有人要你說明一個字的外向意義時，你祇要手把嘴蒙住，指着那樣東西卽可。

相反地，一個字或辭句的內向意義，就是它在我們腦筋裏所引起的一切。大體說來，每當我們用別的字來解釋一個字的當兒，我們所告訴人的就是內向的意義，或是含義。要記得這點，你可以用手蒙住你的眼睛，把你要說明的字在腦筋裏轉了又轉：

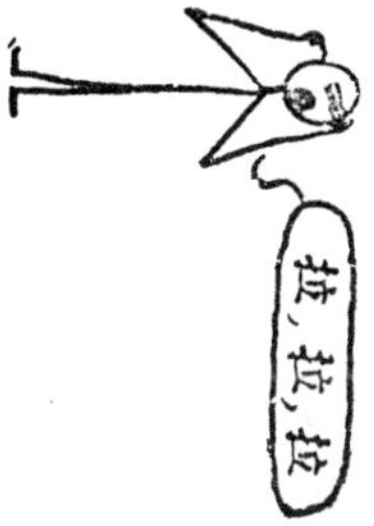


許多話當然是可以同時有外向和內向的意義的。若是它們沒有內向的意義——那就是說，若是它們在腦筋裏引不起什麼反應——它們就是沒有意思的聲音，像我們聽不懂的外國話一樣。在另一方面，有些話雖然可以在我們腦筋裏引起許多感想，却可能完全沒有外向的意義。「天使們每天晚上在我的床上面飛翔守望。」」就是一句祇有內向而沒有外向意義的句子。這並不是說，在我們床的上面，每晚沒有天使守望。所謂沒有外向的意義，是指我們看不到，感觸不到，照相照不出，又不能用任何科學方法來證明，究竟有沒有天使在那裡守望。倘若我們萬一和人爭辯起這個問題來，要想得到一個各方面——基督徒與非基督徒，虔誠信奉的與不信奉的，神秘的與科學的——都滿意的結論，簡直就不可能。所以，無論我們是否相信有小天使，祇要我們在事前就知道，爭辯這個問題決不會有結論或效果，就能避免因此打架了。

相反地，倘若一句話有外向的內容，譬如說，「這間屋子有十五呎長」，爭辯時就有了結的可能。無論我們對這屋子的長度有多少種不同的猜測，祇要有人拿出一根皮尺來，一切爭端都得停止了。所以內向和外向意義間很重要的一點區別是：倘若一句話有外向的意義，爭論可以有結束，雙方也可得到同意；倘若一句話祇有內向，而沒有外向的意義時，我們就可能，而且常常會是，爭論不休。這種爭論的結果，祇有造成無法調解的衝突這一條路。在個人間，它們會破壞友誼；在社會上，它們常常會破壞團體，造成水火不相容的派別；在國際間，它們會使緊張的局面更加緊張，以致成爲和平解決的障碍。

這種爭論可以稱做爲「無意義的爭論」，因爲他們所根據的論點，是無法搜集到感觸得到的材料的。讀者們仍請自己找點這類「無意義的爭論」的例子吧！就連上面舉過的那個小天使的例子，雖然我們既不想否認，也不想證明小天使的存在，也可能會引起有些人的反感呢！倘若我們從神學、政治、法律、經濟、文學批評、和其他平常很少有人注意到把有意義和無意義的材料分隔清楚的學問裏，去選擇例子的話，結果會引起怎樣的一番喧嘈，讀者們自己一定能想像得到。

## 「一字一義」的謬論

祇要是對於字義用過一番腦筋的人，當然會注意到，字義是不斷地流動、變遷的。一般人往往將這一點看作不幸，認爲它引起了「不合邏輯的思想」和「混亂不清的心理」。爲了要補救這個情形，他們可能會建議我們大家訂立一項協定，給每一個字派「一個意思」，而且祇能照那個意思用。可是他們跟着就會發現，我們卽使請一羣辭典作家組織一個委員會，建立一個嚴厲的獨裁機構，在每一家報館，每一家人家的電話筒裡，都派一個檢查官監察，我們還是會無法使大家用同樣的方法用字。所以，這情形看來簡直像是毫無希望的。

然而我們祇要從另外一個完全不同的前提出發，就不至走上這樣的絕路了。——這個前提是現代語言思潮的基本理論之一，那就是說，沒有一個字能有兩次意義完全相同。我們可以用很多方法，來證明這個前提很切合事實：第一，我們倘若承認一個字的前後文決定它的意義這一前提，就可以知道沒有兩個意義能完全相同，因爲沒有兩個前後文是完全相同的。一個極普通的說法：「我相信」，在下列句子中就表示出各種不同的意義：

我相信你。（我對你有信心。）

我相信民主。（我接受「民主」這名詞內所包括的原理。）

我相信聖誕老人。（我的意見認爲聖誕老人的確是有的。）

第二，我們可以將一個意思極「簡單」的字，譬如說「壺」，作爲例子。當約翰說「壺」的時候，那個字的內向意義是他所記得的一切壺的共同特徵。可是當彼得說「壺」的時候，那個字的內向意義就變成是彼得所記得的一切壺的共同特徵了。無論約翰的「壺」和彼得的「壺」之間，差別是如何微小，可是總還是有差別的。

最後，讓我們從外向意義的觀點來考查語言。倘若約翰、彼得，哈路，喬治，每一個人都說：「我的打字機」，我們就得要指出四個不同的打字機來，才能得到他們每一個人用這個字時的外向意義。並且，約翰今天說的「我的打字機」，可以和他明天說的「我的打字機，」外向的意義不同。因爲同是一架打字機，過了一天，（甚至一分鐘），就不會再完全相同了，因爲一件物品慢慢地損耗，變遷和毀滅的過程是不斷地在進行着的。雖然我們可以說，一個字的意義在一分鐘，或再過一分鐘後，變得極少，我們却不能就說它一點不差，完全相同的。

有些人武斷地說，他們在一個字沒有說出來之前，就已經知道它的意義了。這句話完全沒有道理。我們對一個字在事前所能知道的，祇是它「差不多」的意義而已。那個字說出口後，我們才能根據它的言辭和具體的前後文，解釋它的意思，然後再按照我們的解釋，採取行動。研究一句話的言辭前後文，就像研究那句話本身一樣，能幫助我們了解到它的內向意義；研究它的具體前後文，可能幫助我們找到它的外向意義。當約翰向詹姆斯說：「你可不可以把那本書拿來給我？」的時候，詹姆斯就向約翰手指的方向（具體的前後文）張望，並且看見那裏有一張書桌，上面放了幾本書（具體的前後文），他把他們剛才的談話再想一想（言辭的前後文）就懂得約翰要的是什麼書了。

所以，解釋字義必須以全部的前後文爲基礎。否則，有時候我們雖然沒有能用對的（習慣的）字眼，別人却往往仍然能了解我們，這一件事實，就無法解釋了。舉個例子：

甲：看，天上飛着的那條蜈蚣，多麼好看！

乙：你是不是指那只紙鳶？

甲：可不是嗎？我正是說的那只紙鳶呀！

一個字的前後文常常能將我們的意思指點得非常清楚，我們甚至都不用把自己心裏的話說出來，別人就已經懂得了。

## 忽視前後文

所以，很顯然地，在解釋字句的意義時，忽視前後文，即使少說些，也是很愚蠢的行爲。在最嚴重的情形下，它簡直就可能成爲惡毒的行爲。某些故意危言聳聽的報紙，往往從一個聞人的談話裏，不顧前後文抽出幾個字來，以造成一個完全錯誤的印象。這種「斷章取義」的辦法，在國際宣傳戰中，用得極多，在商業廣告上也不能避免。譬如說，一位寫書評的人，評論一本新出版的書是：「還夠不上算是一本好書」。在書包皮上的廣告就因此可能會引證他，說他稱那本書是本「好書」。而且還常常有人替這種行爲辯護：「無論怎麼說，他不是用過「好書」這兩個字的嗎？」

許多人在辯論時往往抱怨說，同是一樣的字，對於不同的人，可以有不同的意思。實在說來，他們不該抱怨，却應該將這件事認爲理所當然才對。舉個例子說，「公道」這字，差不多對於每一個人都有不同的含義。美國最高法院有九位大法官，如果在他們的眼中，「公道」總是代表完全一樣的東西，那才怪呢！因爲假若是那樣，所有的決定就都該是全體一致通過，不會有不同的意見了。倘若對於杜魯門總統，「公道」的意思和對斯大林一樣，那就更奇怪了。因此，我們必須將沒有一個字，能在兩次不同的用法中，有同樣的意義，這一條原則牢記在心，養成自動考查前後文的習慣，這樣才能對別人所說的話，有進一步的了解。可是在目前的情形下，我們却都有一個傾向，祇要遇到一個聽起來好像是很熟悉的字，就認爲自己已經懂了，其實却並沒有眞正了解。這樣我們就容易亂猜別人的話，硬在裏面找尋並不存在的意思，浪費力氣，批評人家「故弄玄虛」，或是「歪曲字義」。事實上，別人唯一的過失，祇是他們用字的方法和我們不同而已。在這點上，他們是不能自主的，過去和我們環境很不相同的人，更是如此。「故弄玄虛」和「歪曲字義」的情形，自然未始沒有，不過，我們的猜測却也並不盡然全對。

在我們研究歷史，或是和我們不同的文化時，前後文就變得特別重要。說「這座屋子沒有電燈和自來水，」對於一座一五七〇年在英國的房子，並不算是壞話，因爲那時還沒有電燈和自來水；可是對於一九四九年在芝加哥的房屋，就是很不利的批評了。再譬如說，我們倘若想要了解美國的憲法，僅僅查一查字典，看看憲法中每個字是什麼意思，是不夠的。我們必須根據它的歷史背景——生活狀況，當時的思潮、流行的偏見、和起草憲章的人可能有的利害觀點等——來研究它。無論怎樣，一七九〇年「美利堅合衆國」所代表的領土大小和文化，與今日的「美利堅合衆國」所代表的頗有不同。在極重大的問題上，我們所要查究的各種前後文——言辭的、社會的和歷史的——的範圍，可能會是十分廣泛的。

## 言辭間的相互作用

上面這些話並不是說，前後文既然如此重要，讀者就簡直可以把字典丟開的意思。一個句子中任何一個字——一段文字中任何一句句子，一篇文章中任何一段——固然都要靠着前後文，才能將意義表達出來，但是它本身也是全文中其他的字，其他的句子，和其他段文字的前後文的一部份。因此，在字典上查出一個字的字義，常常不但解釋了這個字，而且也解釋了包含這個字的句子，段，以至全篇文章或談話。在一段連貫的文字裏，每一個字都是互相有影響的。

我們既然知道了字典是歷史性的著作，在查用字典時，心裡就應該有一個了解：「『花』這個字過去最平常的用途是指木本和草本植物所開的花朵」。進一步，我們就可以毫無問題地推斷上去：「倘若它從前是這樣用法，那麼它在這句句子裏，大概可能也是這個意思。」我們平常的做法都是先查一下字典，再回來讀前後文，看看它和字典的意思對不對，若是它的前後文是「油燈上結了一朵大花……」，我們也許就得更仔細地去查閱字典了。

因此，對於解釋字義，字典上的定義是一個無價的指南。世界上沒有一個字只有一種「正確的意義」，可是用到一種類似的情形上去呢，它却眞的可以有一種「正確的意義」。這些類似的情形構成了「字義區」（Areas of meaning），字典的功用是在它能解釋一個字在各種不同字義區裡的意義。我們每次看到或讀到一個字，就可以考查這個字的前後文，和它所指出的外向事物（倘若可能的話），以決定它在那個字義區裡，佔了那樣的一「點」。

# 第五章　有助社會團結的語言

火爐裡的煤塊漸漸生了灰，
兩隻小狗還坐着呆呆相對，
一隻小狗便向另一隻挑釁；
「你再不說話，那我就要作聲。」

——民謠

## 用作表情的聲音

解釋辭義的問題所以變得如此複雜，最大的原因是用語言說明事理的用法，和更古老的、更深刻的用法，有着極密切而牢不可破的關係。因此，我們日常生活中所用的言辭，祇有一小部份是稱爲純粹說明事理的。我們完全有理由相信，人類能夠用語言爲純粹陳述事理的工具，在語言的發展史上，是比較新近的事。遠在現代的語言沒有產生以前，我們大概是用各種不同的呼喊，來表示飢餓、懼怕、寂寞、勝利和性慾等等內心的慾望的，就像下等動物一樣。現在我們聽到家畜們呼喊時，仍然可以辨認出各種不同的叫聲，以及它們所表示的情形。在進化的過程中，這種叫聲逐漸分化，種類越過越多，所代表的意識的範圍也越過越廣。許多喉鳴和喋喋之聲，原來並沒有什麼意思的，也漸漸變成了語言。所以我們現在的語言，雖然已經進步到可以作精確的報告的地步，但是每一個人差不多還仍有先表示內心的感覺，然後，倘若必要，再報告事實的傾向：『啊！（表情），我牙齒痛（報告）。』上面在討論「怒詞」和「喜詞」時已經說過，我們有許多言辭和各種表情的姿勢——就像痛楚時哭叫，惱怒時張牙露齒，觸鼻以示友情，舞蹈以示喜悅等等——完全是一樣的作用，祇不過用的是聲音而已。這種將言辭當作有聲音的，表達情感的姿勢運用，叫做象徵前（Presymbolic）的用法。象徵前的用法和象徵的系統，在語言裏同時存在，我們每天所說的話，都是將象徵和象徵前的份子澈底地混合起來的。

事實上，在我們日常的語言裏，祇要是表現任何強烈的感情，象徵前的成份總是極爲顯著的。倘若有人毫不經心地跨下人行道，而路上正有一輛汽車開來時，旁人只要高聲叫喊，提起他的注意，便可以救他的命了，至於叫的是什麼話，有沒有意義，都無關緊要。因爲眞正傳達給他必需的感覺的，是別人大叫時的響度和音調中所包含的恐怖的情緒，而不是他所用的字眼。同樣的，用嚴厲而忿怒的聲音發施號令，比用普通的語調發施號令，往往可以得到更快的效果。這也就是說，人聲本身的性質就有表達情感的力量，和它說的話簡直沒有什麼大關係。我們可以說：「下次請再來玩」，而說話的語氣，却明白地表示出我們實在希望這位客人再也不要來了。又譬如說，你和一位小姐晚間走出去散步，從她說：「今天的月亮好亮！」的語氣中，你就可以知道她究竟眞的是在欣賞月色，還是想要你去吻她。

一般幼小的嬰兒，在沒有能了解母親的說話以前，就已經知道她的聲音是代表愛惜，溫柔或煩惱了。多半的孩子對于語言中象徵前的成份，還仍然保存原有的敏感。成人中也有些人不但能保持這種敏感，並且能夠使它隨着年齡的增加而更爲精密。我們稱這種人爲有「直覺」，或是「異常的機靈」。他們有本領解釋發言者的面部表情，和其他各種表現他內心狀況的徵兆。他們不但留心他說些什麼話，並且還留心他怎樣講的。相反地，凡是花過很多時間閱讀寫出來的文字的人，（科學家，智識份子，簿記員等等），往往祇注意言辭表面的意義，而對於其他的一切，比較容易忽略。倘若有位小姐要這樣的一位先生吻她，她往往非得直說出來不可。

## 爲發聲而發聲

有的時候，我們說話祇不過是愛聽自己說話而已。就像打球或跳舞一樣，講話能給我們一種活躍的快感。小孩子們喋喋不休，成人們在浴缸內唱歌，都祇是爲欣賞自己的聲音。有時，爲了類似的象徵前的理由，許多人會在一起發出聲音，例如團體合唱，團體背誦，團體歌吟等。在這些遊戲裏，大家所唸的字究竟是什麼意義，幾乎毫無關係。舉個例子說，在唱「帶我回到維琴尼亞老家去」那支歌的時候，我們儘管可以從來沒有去過美國的維琴尼亞州，並且也毫無到那裏去的願望，但是仍然可以吟誦那些憂鬱的思鄉的辭句。

我們在社交場合的會話，也大部份是屬於象徵前的性質的。譬如說：在茶話會和宴會上，大家都一定得談話——談什麼都可以：天氣、足球隊踢得好不好、女明星英格麗褒曼最近主演的影片……。這種會話都有一個特點：除了極要好的朋友間的密談外，一般對於這些題目所發表的意見，就交換知識的觀點上，多半是毫無價值，不值一談的。可是在那種場合下，沉默不言是會被認做失禮的。一般招呼和送別時的客套話——「早安！」「今天天氣好。」「府上這幾天好嗎？」「今天能看到你，眞是高興。」「下次進城時，請務必來玩。」——都是社交禮節上所認爲必需的，不管你心裏是不是這樣想，不說就是你的錯。我們每天都會遇到無數場合，不能不說幾句話，不然就是沒禮貌。每一個交際場合都有它自己的談話方式：有些場合需要人高談闊論；有些場合要細言密語，有的場合要俏皮取笑。從這些社交的習慣上，我們可以定出一個普通的原則：打破沉默，本身就是說話的一個重要功用。我們生活在社會上，決不可能一直要等到「有事體講」，方才開口說話的。

這種象徵前的「爲說話而說話」是一種活動的方式，就像野獸的叫喊一樣，我們大家在一起隨便胡扯一番，就能結爲朋友。雖然大家講的話，似乎是一本正經，不過這種談話的目的，可並不是溝通知識，而是在建立交情。人和人之間有許多建立交情的方法，譬如說，一同吃飯，一同遊戲，一同工作等。但在這些集體活動的方法中，一同談話最容易做到。在這類社交性的會話裏，最重要的因素是大家一起講話，至於所談的題目，那還是次要的呢。

因此，在選擇會談題材的時候，大家往往無形中追隨一個原則。這種談話的目的既然是建立交情，我們總是小心選擇立刻可得對方同意的題目的。譬如說，現在有兩個不相識的人在一起碰到了，大家想要攀談，或者覺得非說幾句話不可，試想一想他們大概會說些什麼：

「今天天氣好呀！」

「可不是嗎？」（在一點上已經得到同意了，可以放心往下說了。）

「大體說來，今年這個夏天可眞不壞。」

「一點也不錯。今年的春天也好極了。」（對方在第二點上也同意了，而且在進一步邀你同意他提出的第三點呢。）

「是呀，今年的春天眞可愛。」（等三點上也同意了。）

因此，大家不但談話要在一起，意見上也要一致。我們對天氣的看法同意了以後，就進一步對別的事謀取同意了——四週的田園多麼美好，物價上漲得多不像話，去紐約玩幾天倒很好，住在那裏可吃不消……無論雙方所談的事多麼簡單平凡，祇要多獲得一番同意，你對那陌生人害怕和猜忌的心理就會減少一分，做朋友的可能性也因之加多。倘若你們繼續談下去，發現了彼此間有共同認識的朋友，或者在政治見解、文藝興趣、和嗜好上有相同之處後，你就和他做了朋友，眞正的交情和合作也就可以開始了。

## 維持交往

上面所說的社交性的談話，固然多半是敷衍式的陳腐濫調，沒有多大意思，但在實際生活中却是不可缺少的。因爲它不但使我們能和別人有獲得同意的機會，因而談得來，做朋友，它不但能幫助我們結交新朋友，開闢新的交往關係，還能幫我們和老朋友間保持友誼，維持舊的交往關係。一般老朋友們，卽使在沒有什麼特別的事要談的當兒，還是喜歡在一起聊天。同住在一座房子裏的人，或是同在一處辦公的人，見了面總不免要找些話講講，卽使沒有什麼話說時，也是如此。他們所以要這樣，一則是爲了解悶，二則，（這是比較重要些的一點！）是爲了維持交情來往。

下述的情形，在許多對夫婦間都曾發生過：

太太：威伯，你爲什麼不和我說話？

先生：（正在讀着一本哲學書，這下給打斷了。）什麼？

太太：你爲什麼不和我說話？

先生：但是沒有什麼話可以說呀！

太太：你不愛我啦！

先生：（思潮完全給她打斷，有點惱了。）唉，別傻啦，你知道我是愛你的！（忽然間覺得應該按照邏輯，打破沙鍋，盤問到底。）我有沒有跟別的女人在外面亂逛？我不是把薪水全部都交給了你？我不是在爲你和孩子們做苦工，連命都不要了？

太太：（爭他不過，可是仍舊不滿意。）可是我還是要你說話。

先生：爲什麼？

太太：唔，因爲。

在某一種意義上，先生的話當然是對的。他的行動是他愛情外向的證明，比任何言辭都要響亮有力。但是在另一方面，太太也是對的。除非我們繼續和人交往，我們怎麼能知道別人願不願意和我們來往呢？譬如說，有一位無線電工程師要檢查一座擴音器是不是有毛病，就對着那擴音器叫道：「一……二……三……四在試驗……」。他說的這些話固然沒有什麼意思，但是在他說話的這當兒，却有很重大的作用。

## 儀式中的象徵前語言

證道、預選會、會員大會、「打氣大會」、和其他儀式繁多的集會，證明各種團體——無論是宗敎方面，政治方面，愛國運動，科學研究或職業性質的——都愛每過些時，就大伙兒聚在一起，做些大家都熟悉的活動，穿上特別的服裝，（宗敎組織穿僧袍，愛國社團穿制服等等，）一同聚餐，掛上他們自己團體的旗幟，徽章或表記，並且集體遊行。在這種儀式裏，總免不了要有幾篇用傳統的辭句寫成，或者特別爲這場合創作的演講詞。這些講辭的目的，並不是要給聽衆任何新的知識，新的感情，而是完全另有作用。

這些演講究竟有什麼別的作用，在第七章「統治社會的語言」中，將有一番更詳細的分析。在這裡，我們對那些在儀式性的講辭中應用的語言，祇能分析它的一方面。譬如說在許多美國大學裡，每逢和別的大學比賽足球之前，往往有個「打氣大會」，先把「本隊」的隊員介紹給他們早已熟識了的同學們，然後是隊員致詞。那些雄糾糾的大漢子，一個個走上台來，講幾句前後不連貫，文法也不通的話，聽衆們則是熱烈鼓掌。於是大會的領導人便向大家作不合情理的諾言，保證第二天如何痛擊敵隊，羣衆們就連聲歡呼。這種「歡呼」，事實上往往祇是一串野獸似的喊聲，按照極原始的節奏組織安排起來的而已。散會後，沒有一個到會的人能比到會以前更聰明，或者知識更豐富一點的。

在某種程度裡，宗教儀式一眼看來，也是同樣地難以理解。因爲主持的牧師或祭司得按照固定的格式，用參加崇拜的會衆所不能了解的語言，（猶太教用希伯來文，天主教用拉丁文，中國和日本的佛教用梵文，）唸出一些辭句，結果常常是一點知識也沒有傳給到場的人。

實記倘若我們從客觀的立場觀察這種語言現象或者在深得這種場合的精神時研究一下自己的心理，我們就無法不注意到，在這些儀式的過程中，不問唸出來的辭句有什麼意思，我們往往總是很少想到它們的。例如說，我們多半的人往往是機械地背誦主禱文，或者機械地唱自己的國歌，而從來不想到這裏面的字句。從幼年還沒有能了解這些字句的時候起，我們就已經學會背誦這一套套的辭句了。以後我們許多人仍然繼續不斷終生唸着這些辭句，也不問它們的內容究竟如何。可是只有敷淺的人士才會小視這些事，輕描淡寫地說它們「不過表示人類何等愚蠢」，就算了事。我們決不能把這種辭句看作「沒有意義，」因爲它們確實能感動我們。一個剛從教堂走出來的人，對於適才聽到的證道，內容如何，可能已經不清了，可是仍會有一種說不出的感覺，認爲自己做了一場禮拜後，多少得到了一點「好處」。

這些儀式性的辭句（Ritual utterances），到底給了我們什麼「好處」呢？它們的好處就是「重新加強我們的社會團結」：一個基督教徒覺得和別的基督教徒更加密切，一個美國人覺得更是美國人，一個法國人覺得更是法國人。人類的社會，是靠大家對於一套套固定的言辭刺激，有了共同的反應，才能維持完整，不致崩潰的。

因此，一切儀式性的辭句，不論它們的內容是在別的場合裏確實有象徵意思的文句也好，是外國文也好，是古文也好，或是毫無意義的聲音也好，大部份都可以當作語言的象徵前的用法看待——那就是說，一套套根據習慣了的聲音，不傳達意義，卻帶着情感（往往是團體的情感）。對於不屬於那個團體的人，這種話往往毫無意思。換句話說，當語言變成爲一種儀式時，它所引起的效果，在相當限度以內，就會和它的辭句原來的意義，變得毫無關係了。

## 給祇管字面意思的人一個勸告

語言的象徵前用法，一般講來，都有這個特點：倘若必要，它們可以不用合乎文法，合乎造句法，或能清楚地讀出來的象徵言詞，就能達成任務。事實上，卽使是所用的字眼一個都聽不出來，它們也照樣可以完成它們的任務。比如說，羣衆的情緒在野獸間可以用集體大吠或咆哮這種種辦法來建立，在人類間則有大學裏的啦啦隊，合唱，以及其他類似的集體喧嘈的動作，都可以建立起羣衆的情緒。向別人說：「早！」或是「今天天氣好」，固然是表示友誼的辦法，但是向人微笑，做手勢，或者就像野獸之間那樣碰鼻子和嗅來嗅去，也未始不能收同樣的功效。皺眉頭，大笑，微笑，跳上跳下，這就能滿足許多表達內心情緒的需要，並無需說一句話。不過，在人類間還是運用語言比較習慣。所以我們倘若要表示憎恨一個人，用不着把他打倒在地上，只要狠狠地咒駡他一番卽行。我們要組織成一個團體，也不用像小狗一般，擠在一起，只要訂立章程和細則，並且制定儀式等等，就能表現出我們的團結。

要了解我們日用語言中所包含的象徵前的成份，是一件非常重要的事。我們的語言，不能只限於是對別人陳述事實，和向人詢問事實而已，我們所寫和所說的話，不可能完全是一字不差的眞話，否則，倘若遇到必要的話，我們會連「今天碰到你，十分高興。」那樣一句簡單的客套話都說不出來的。一般特別愛吹毛求疵，自命爲學問淵博的人士，常常說我們應該「講眞心話」，「說話算數」或是「言之有物」，而這些却當然都是不可能完全實踐的規定。

不知道語言的象徵前用法的現象，在受過教育的人中比較多，在沒有受過教育而常憑直覺感覺這些事物的人中，反倒較少。許多受過教育的人士在茶話會或歡迎會上，聽到一般客人談論瑣碎的小事，就斷定除了他們自己以外，別人都是傻子。他們可能看到別人做完禮拜回來，常常記不清證道的內容，就斷定所有上教堂的人，不是傻瓜，就是僞君子。每逢聽了一篇政治演講後，他們可能會覺得奇怪：「怎麼會有人相信這一派胡言亂語？」有時甚至因此斷定，一般人既然如此愚蠢，民主政治一定沒有實施的可能。根據這些印象，就得到許多喪氣的結論，說我們的朋友和鄰居如何愚蠢，如何虛僞，實在是很不公平的。因爲這些結論往往是由於把象徵語言的標準，應用到一部份的，或者全部的，象徵前語言現象上而產生出來的。

再舉一個例子，也許就可以將這一點解釋得更清楚些。假設我們的車胎洩了氣，車子停在路旁，正在修理。一個外貌不很聰明而態度異常友善的青年人看見了，就跑過來問道：「車胎走氣啦？」倘若我們硬要照字面解釋他的問題，我們會覺得他傻不堪言，而給他一個不客氣的回答：「你眼睛沒有看見嗎？你這笨牛！」倘若我們不管他說的是什麼話，而領會了他的意思，我們會對他這種善意的姿態報以同樣友好的態度，他也許就會在幫我們換車胎了。同樣地，在人生和文學裏，都有許多情況需要我們不太拘泥字句，因爲這些字句裏眞正的意義，常常會比他們表面的意義更聰慧，更容易懂得多。我們對於世界，人類和民主政治會有許多悲觀的看法，很可能有一部份是因爲我們無意中把象徵語言的標準，應用到象徵前的言辭上去的緣故。

# 第六章　語言的雙重任務

我們丟棄自己的尾巴，已經有許多萬年了，可是我們交換意見的媒介物，仍然是那位住在樹上的老祖宗，為了適應他當時的需要，而發展出來的……我們也許可以譏笑原始人對於語言的錯誤觀念，但是我們却不可以忘記，這個我們現在如此情願倚重的語言系統，這個我們的玄學家們仍然公開用來探測宇宙本質的工具，正是原始人所創造的，而且可能是其他幾乎同樣愚鈍、同樣不能根絕的錯覺的來源？

——奧格登・李查斯

## 含義

我們前面已說過，報告式的語言是工具性質的　那就是說，它是一種幫助我們把事情做好的工具。但是我們前面也已經說過，語言還另外有一種功用，那就是直接表達發言的人的情感。從聽的人的觀點來查考語言，我們可以說報告式的語言給我們增長知識見聞，可是表情的語言（例如論斷，和我們前面說過的象徵前的作用等）能感動我們，——這也就是說，能感動我們的情緒。感動人的語言有一種和力量一般的性質。比如說，一句駡人的話會引起別人對駡，就像打人一下，別人也會還打你一下，是同樣的道理。一個大聲果斷的命令，就像推人一下一樣，有強迫人的力量。說話，叫喊和拍胸脯一樣，都是表現自己精力的方法。說話時最能感動人的一個成份，我們在前面已經講過，是聲音的語調，強弱，好聽或不好聽，發聲時音量的變化以及聲調的抑揚頓挫。

語言中另一個能感動人的成份是節奏。節奏的意思是指某種聽覺上的刺激，隔着相當固定的間歇，賡續出現，因而造成的一種效果而言。從小孩打銅鼓時「咚、咚、」的聲音起，直到精巧的詩歌和音樂中微妙的音調變化止，人類對於節奏的感應，一直不斷地在進步，而且作更精細的推究。節奏的目的就是要喚起注意和興趣；事實上，節奏有着那麼大的感動人的力量，即使當我們專心致力於別的事，不願分心的當兒，他也能硬引起我們的注意。西洋文字中的歌韻和中西文字中都有的尾韻，就是使某些類似的聲音，每隔一個固定的時間，便重複出現一次，以加強節奏的方法。寫政治口號和廣告的人，因此都特別喜歡用韻。中國抗戰期間的口號：「抗戰必勝，建國必成」，「有錢出錢，有力出力」，和現在報上常見的廣告，例如「可口可樂，怡神珍品，隨時供應，到處歡迎」等等。這些口號也許可能並沒有多少說明的價值，但是因爲它們的聲音能在我們的腦筋裏引起一連串富有節奏性的回聲，我們儘管很想忘掉它們，倒還並不是很容易的事呢！

除了說話的聲調和節奏外，語言中另外還有一個非常重要的感動人的成份，那就是環繞着幾乎一切言辭的快活或不快活的感情氣氛。在第四章裏，我們曾把示義（外向的意義）和含義（內向的意義，也就是指心裏的「意見」、「觀念」、「概念」感情等）分開。含義又可以分做兩種：說明性（Informative）的和感動性的（Affective）。（註）

註：我們不用「情感」，因爲「情感」往往有和理智對立，代表極強烈的感情的意思。「感動性」卻不但代表強烈的感情，而且代表微妙的，有時不知不覺的反對；此外又不用牽涉到「物質」和「情感」間不同的分別。

## 說明性的含義（Informative connottations）

一個字的說明性的含義，就是指它經過大家公認，並且能用別的言辭表達出來的「客觀」的意義。譬如說，當我們講到「猪」的時候，除非我們眼前眞有一隻猪，能夠立刻指出來，否則就無法立刻指出它的外向意義。可是我們卻能說出它的說明性的含義：「哺乳類四足家畜，常由農人飼養，用來做猪肉、鹹肉、火腿、猪油等用的……」——這些含義，人人都能同意。可是也有時候，有些字的說明性含義，在日常生活中應用時，會因人、地不同而發生極大的差異，所以當我們希望特別準確時，必須用另一套有比較固定的說明性含義的特別專門名詞來代替，一般動植物的科學名字就是這些特別名詞，它們的說明性含義：是由人們很謹愼地樹立起來的。

## 感動性的含義（Affective connotations）

在另一方面說，一個字感動性的含義是指它在聽衆心裡所喚起的各種感情氣氛。譬如說，一提到豬，就有人會想到：「赫！又髒又臭的東西，專在污穢的豬圈裡打滾，」等等。雖然各人情感不一定相同——有人喜歡豬，有人不喜歡——，然而，正因爲有這種種情感存在，我們在某種情形下應用言辭時才能不顧它們的說明性含義如何，而祇問它們的感動性含義。那就是說，當我們感情非常衝動的時候，我們常常會用在感動性意義上和我們內心吻合的辭句來表達我們的情感，而不注意它們的說明性含義究竟怎樣。因此我們在生氣時就會罵人「豬」、「狗」、「牛」、「毒蛇」；要表示親愛時就稱人「心肝」、「寶貝」、「我的肉」。事實上，一切表現情感的言辭都是或多或少地利用了感動性的含義。

所有的字，根據它們各種不同的用法，都有些感動人的作用。有許多字所以能流傳下來，由於它們感動性的價值要比由於它們說明性的價值來得多。例如說，我們可以稱「那人」爲「那位先生」，「那個人」，「那傢伙」，「那小鬼」，「那傻瓜」，「那狗東西」等等，但是所指的却祇是一個人，各個不同的稱呼祇不過代表我們對於「那人」各種不同的感情而已。在中國有許多店愛自己標榜爲「老店」，以表示老資格，雖然它們的貨物却不一定很老。許多電影院都愛用冠冕堂皇的名詞：「皇后」，「國泰」，「大光明」，「六華」，「中央」，「國際」；化妝品愛用喚起美感的名詞：「蝶霜」，「雙妹」，「明星」，「蔻丹」，「芙蓉」，「綠寶」。你要告訴別人一件事可以「敬稟」，「上呈」，「奉告」，「傳達」，「通知」，「示知」。下面一對對的句子，可以說明有時外向意義怎樣能毫無改變，而情感的含義却頗不相同：

| | |
|---|---|
| 熊貓隊痛擊北極隊：五比三。 | 比數：熊貓隊五，北極隊三。 |
| 她事事管住了丈夫。 | 她對她丈夫的事十分關心。 |
| 我軍迅卽退却。 | 我軍撤至預定防線，行動敏捷，井井不亂。 |
| 我軍向南潰退。 | 我軍向南轉進。 |
| 總督極加重視，並稱在查明事實詳情後，不日將有正式公告發表。 | 總督正在考查中。 |

讀過武俠小說的人都知道，若是一個壞人射死了一位英雄，小說家一定是說他放的是「冷箭」。若是一位英雄冷不防打死了一個壞人，那就是「奇兵特出」了。

## 關於「禁忌的話」

有些字的感動性含義，往往會在實際應用時成爲這些字本身的障礙，有時簡直是極嚴重的障礙。譬如說，有些國家的上等社會認爲說「吃」字不夠禮貌，對這個字都避而不用。很多人不說「吃飯」，而說「用飯」或是「用膳」、「就餐」。「錢」這個字的情形也是一樣。沒錢的人常說自己「阮囊羞澀」，別人「手頭寬裕」。送賬單向人要債，也只肯提「尊賬」，「前欠」，「所缺之款，務請早日滙寄賜下」等等，不用「錢」字，雖然送賬單的目的全是爲了要錢。人們在飯館或電影院，問那裏的侍役「休息室」或「洗手間」在那裡，可是很少有人眞的是爲了要休息或洗手而去的。「那麼你去那裡做什麼呢？」你若是問一位紳士先生或太太小姐，他們或許要紅臉。許多老派的人都不願意提起「死」，一提起自己早已不在人間的親戚朋友，總說他們不是「歸天」，就是「歸西」或是「逝世」了。在每一種文字裡都有許多這種感動性含義，不很愉快或可取的字，因此有許多人除非眞正沒有辦法，總是設法不用它們。

描寫生理或性，以及和這些題目稍微有些關係的字，都被認爲是含有極強的感動性含義的，特別是在美國。在十九世紀時，美國高貴的夫人和小姐們，不肯說「胸」，「腿」這些字，甚至在吃鷄時都是如此，因此只好用「白肉」和「黑肉」來代替「鷄胸」、「鷄腿」。「上床」也不夠雅，要用「就寢」。在無線電裡，有許多字是廣播時不許應用的。有些被邀請到電台播音的科學家或醫生，竟有因爲他們的演講辭中有些極尋常的生理名詞，如「肚子」，「大便」等，被認爲是禁忌之言，而不得不取消廣播的。

可是那些被認爲嚴厲禁忌的言辭，却有一種眞正的社會價值。當我們怒不可遏，覺得需要用粗暴的方式表示我的忿怒時，說幾句平常認爲不雅，認爲禁忌的罵人話，也許就能使我們不致亂跑亂打人，把傢具都給摔壞了。而能用一個比較無損大體的替代品，罵別人幾句出出氣。就像汽鍋上的安全瓣一樣，它們能使我們不致在緊要關頭爆炸開來。

爲什麼有些字有那麼強有力的感動性含義，有的字雖然說明性含義相同，感動性含義却要弱得多？這是一件很難完全解釋出來的事。有些平常不許說的，特別是與宗教有關的話，顯然是起源於我們從前相信語言有魔術作用的心理。以前中國鄉下的許多老太太們，不許人用「土地」，「灶神」，「雷公」發咒，因爲他們認爲那樣會褻瀆神明的。但是我們別的禁忌之言，並不完全和迷信有關。有些心理學家說，我們所以不許人用有關生理或性的「髒」字，也許是因爲我們內心裏雖都存有某種情感，私下却感到慚愧，甚至對自己都不願意承認，因此我們惱恨那些使我們想到這種感情的話，和說這種話的人。這個解釋，恰可證實一個相當普通的看法，那就是說，有些「熱中道德」的人，所以會竭力反對「汚齪」不堪的書籍和戲劇，並不是因爲他們的內心特別純潔，而是因爲他們心理上的特別病態。

## 種族和語言

正因爲有些字能同時引起說明性和感動性的含義，所以一討論到有關宗教、種族、國家和政治團體等題目，就特別複雜。對於許多美國人，「共產黨」這一個名詞同時能有：「相信共產主義的人」（說明性的含義），和「應該關入監獄、驅逐出境的人……」（感動性的含義）兩種意思。許多代表有些人不喜歡的職業，（例如「扒手」、「流氓」），和不喜歡的宗教派別的名詞，（例如「無神論」，「異教徒」、「托洛斯基派」等，）往往在告訴我們一個事實時，也同時帶來一個有關那個事實的判斷。

關於有些容易引起強烈偏見的問題，我們有時不得不用迂迴婉轉的說法，以免引起偏見。因此我們有時稱演戲的人爲「劇人」或「演員」，而不叫「戲子」；稱理髮的人爲「理髮師」，而不叫「剃頭匠」；稱開汽車的人爲「司機」，而不叫「汽車伕」。我們所以有時要用這些好聽些的名詞，是因爲另外那些比較率直些的名詞不但有很強的感動性含義，而且容易引起誤會。有些頭腦簡單的人，以爲我們不過是用好聽些的名稱騙騙旁人，這其實是不對的。眞正的原因是因爲那些舊名詞充滿了傳襲下來的偏見，我們一用它們說別人，就容易聯想叫我們以前對它們的看法。譬如說，以前在中國，「戲子」的社會地位很低，稱一個演戲的人爲「戲子」，可能被解釋爲有侮辱輕蔑的意思了。「剃頭」在歷史上也有不愉快的含義，所以得用比較文雅的新名詞。

我們上面已經說過，每個字的意義都是因人而異，因前後文而不同的。美國俗語裏有兩個字：「夾泊」（Jap 俗語，日本人 Japanese 的簡稱），和「尼格」（Nigger 指黑人 Negro）；通常雖不免會有點侮辱的性質，可是有時祇是平常的名詞而已，毫無輕蔑的意思。在有些社會階級和地區裏，有人祇知道「夾泊」（Jap）叫日本人，不知道另外還有別的名詞；在另一些區域內，有人只知道「尼格」（Nigger），沒有別的方法稱呼黑人。有些人，因爲不知道不同的階級和區域的人，對於一個字可以有不同的用法，而致無端的引起許多煩惱。凡是相信字的本身裏包含着一定意思的人，往往不能了解一個字可以有各種不同的用法，這麽一點簡單的道理。譬如說，作者認識一位年老的日本女子。她以前是住在加利福尼亞州的，在那裏，「夾泊」這字往往含有侮辱的意思。現在她搬到芝加哥住了，在芝加哥，「夾泊」往往只是指日本人，並沒有別的意思，可是她每次聽到這個字，仍然感到深受侮辱，連在報上稱贊日本人的新聞標題裡，看到這個字，都還要生氣。

對於多數黑人，「尼格」一字也有相同的作用。一位傑出的黑人社會學家，年青時曾一路搭了人家不花錢的順便汽車，到離家很遠，很少看到黑人的地區去旅行，後來他談起這次旅行時遇到的故事。那時他碰到一對白人夫婦，留他在他們的家裏吃住，非常友好，十分和氣。可是他們老是不斷地叫他「小尼格」，他雖然很感激他們待他的好意，但是這件事却使他異常煩惱不安。最後他終於鼓足了勇氣，請那個人不要再叫他「這個侮辱的名詞」了。

「誰侮辱了你？孩子？」那個人問道。

「是你，先生。——你老是用來叫我的那個名詞。」

「什麼名詞？」

「呃……你知道的。」

「我沒有用什麼壞名詞叫你，孩子。」

「我的意思是說，你叫我『尼格』。」

「得啦，那有什麼侮辱你的地方？你可不是一個『尼格』嗎？」

講這個故事的社會學家道：「當時我簡直就想不出一個回答來，現在我也還是沒有十分把握能夠找到答覆。」

雖然這件事已經過了二十五年，但是倘如那位社會學家現在也在讀這本書，我們倒極願意給他一個回答。在當時他可以這樣對他的恩人講：「先生，在我的故鄉，一般尊重有色人種的白種人都叫他們是『尼格羅』（Negroes），想要表示自己輕視有色人種的人，才叫他們『尼格』呢。我希望你並沒有輕視我們的意思。」假若那個人的內心也眞像他的行爲表現一樣地好，他可以如此回答「唔，原來如此，對不起，我剛才得罪了你，孩子，但是我自己並不知道。」這就行了。

在這些有關種族、宗教、不同的政治和經濟見解，以及其他爭論紛芸的問題上，所用的語言中，另外還有一件有趣的事實，可以値得記載下來。每個讀者想必都知道，有些自命不凡的人，相信「做人應該坦白」，「喜歡直言無忌」。所謂「直言無忌」，（用「直言」這名詞的人，本身就已犯了第二章上所說的對於「正確的名詞」的迷信），通常是指用一個有着最壞，最不愉快的含義的名詞，稱呼某人或某物的意思。作者常常覺得奇怪，怎麼會有人能夠做了這樣一件卑鄙的事，還自覺坦白，到處替自己標榜呢？爲了使得思路清楚，我們有時不能不開禁，用些平時「禁忌」說的字，但是在多半的情況下，「直言無忌」，祇是給我們一個方便的機會，使我們又能回到已經被文明社會摒棄了的，舊的價值標準和行爲範型而已。

## 語言的日常用途

根據上面所說的，我們可以看到，日常生活中所用的語言和第三章裏所討論的「報告性」的語言，頗有出入。和報告裏的字一樣，我們在日常生活中也必需選擇正確的辭句，使它們能有我們所需要的說明含義，不然讀者和聽者都會弄不清楚我們究竟在講些什麼東西。此外，我們在日常語言中還得將我們所要的感動性含義，也傳給那些字，使讀者或聽者能被我們的話感動或發生興趣，因而和我們發生同樣的感覺或態度。幾乎在一切普通談話，演講，勸說的文字和文學裏，我們都得面對這雙重任務。可是這個任務大部份是靠直覺完成的。在不知不覺中，我們會自動選擇和我們談話內容適合的聲調，節奏和感動性含義。對於談話的說明性含義，我們比較多幾分有意的統制。所以，我們要增進了解語言和運用語言的能力，不能專靠加強我們對語言的說明性含義的認識，而且還得依靠社會經驗，在許多種不同的情況裏和許多種不同的人們接觸以及閱讀文學等方法使自己對於語言感動性的成份，能有更深切的了解。

最後，下面的幾個現象是在任何用語言的場合裏都能發生的。

（一）說明性含義可能不夠充份，或者甚至容易引人誤會，但是因爲感動性含義的內容相當清楚，因此我們仍然能對這句話作一個正確的解釋。譬如說，當有個人說：「猜猜看，我今天看見了誰？老他叫什麼名字呀？——哦，你知道我說的是誰——啊喲，那個老傢伙住在……哦，——那條街叫什麼名字？」這一番話雖然一個名字也沒說出來，什麼都沒有說清楚，但是顯然有其他不是說明性的方法，使我們能夠了解話裏指的是誰。

（二）說明性的含義可能是夠正確了，外向的意義也是夠清楚了，可是情緒的內容却是極不恰當，容易引人誤會，或者甚至可笑。當有人想咬文嚼字的時候，這種現象常常發生。例如：

「那缸水太混濁了，所以我就放了些硫酸鉀鋁，也就是我們平常說的明礬。」

（三）說明性和感動性的含義都是『聽起來沒有問題，但是在「地圖」上却沒有這樣一塊「地域」，』譬如說，「他在芝加哥南邊一點美麗的山區裏，住了好多年。」但是芝加哥南邊一點，並沒有山嶽地帶。

（四）說明性和感動性的含義，都可以故意用來創造虛幻的「地圖」，代表實際上並不存在的「地域」。我們所以有時會要想這樣做，理由很多，這裏祇需要提出其中的兩點。第一點，我們可能想要給人美感。隨便舉個例子：

「乘轎追術士，遠之蓬萊山。靈液飛素波，蘭桂上參天。玄豹遊其下，翔鯤戲其巔。乘風忽登舉，彷彿見衆仙。」（曹植升天行）

第二點，我們能因此計劃將來。譬如說，我們可以講：「讓我們假定，在這條街的末端有一條橋。正街上繁忙的交通，就可以有一部份移到橋那裏去，不致於這樣擁擠，買東西也不用如此集中在那條街上了。」仔細想像出了可能發生的情況後，我們就可以根據自己對這種可能的結果的反響，贊成或反對造橋的計劃。在下一章裏，我們就要討論我們目前所說的或寫的言辭，和未來的事件有什麼關係。

# 第七章　控制社會的語言

一大串動聽的辭句，對於人類的行為有什麼影響，從來還沒有作過適當的研究。

——塞曼・W・安諾德

## 促成事情發生

語言和實現之間，最有興趣而且也許是最少有人懂得的關係，就是語言和未來事件間的關係。譬如說，當我們講「到這裡來」的時候，我們既不是描寫四週的外向世界，也不祇是表達自己的感情，而是在想促成某些事情發生。所謂「號令」，「懇請」，「要求」和「命令」，都是我們使用言辭促成事情的最簡單的辦法。可是另外還有更婉轉些的說法。例如，當我們講「我們的候選人是一個偉大的美國人」時，我們當然是在熱誠地讚揚他，但是我們也可能是在想影響別人，要他們投票選舉他。再有，當我們說「我們這次對敵人的戰爭，是上帝的戰爭，按照上帝的神旨，我們一定要得到勝利的。」這時，我們所說的話是無法用科學證明的；可是它或許能影響別人，使他們幫助進行戰爭。有時我們雖然祇不過是隨隨便便地說了一件事實：「牛奶裏有維他命」，却也可能是故意想影響別人購買牛奶。

讓我們看看下面這樣一句話吧：「我明天兩點鐘和你在皇宮戲院前碰面。」這樣一句關於未來事件的話，祇有在一個符號與現實完全無關的語言系統裡，才能做到，這一點我們以後就會看到。未來是人類特有的領域，就像歷史上的記載一樣。「明天吃肉圓。」這樣一句話，對於一隻狗毫無意思。牠祇會焦急地看着你，希望馬上就有一個眞的肉圓吃。松鼠們當然會爲就要來臨的冬天積蓄食物，可是牠們祇顧一味將食物積蓄起來，却不問自己的需要是否已有充份的供應。這一點足以說明，這種平常稱爲「直覺」的行爲，是既不受符號，也不受其他能解釋的刺激管轄的。唯有人類才能在聽到：「下星期六」，「下一次結婚紀念日」，「我答應一定在七年後的今天付款」，「終有一天，也許是在五百年以後，」這些話的時候，作有意義的反應。這也就是說，我們可以先畫出地圖，即使它們所代表的地域，還沒有成爲現實，也不要緊。根據這種代表未來地域的地圖，我們對未來事件的預測，就能相當準確可靠。

因此，用了語言爲工具，我們就能影響未來的事件，而且對它們有相當大的控制力量。作家寫文章，敎士傳道，僱主，父母和老師們的責罵，宣傳員發表消息，政治家演說，都是爲了這個緣故。他們的動機不同——有時候是爲我們好，有時候是爲他們自己——可是他們都在想影響我們的行動。這種想用言語來統制，指導並影響別人未來行動的努力，可以稱爲語言的指示性用法（Directive uses of language）。

倘若我們想用指示性的語言去指示別人，這種語言顯然決不能是笨拙或者無趣的。要想影響我們的行爲，它必須應用語言裏所有的感動性成份！有戲劇意味的聲調變化，音韻和節奏，喜吠和怒狺，極能感動人的言辭，不斷的重複等等……若是沒有意思的聲音能感動聽衆，我們就要發出一些沒有意思的聲音；若是事實能感動他們，我們就必需列舉事實；若是高貴的理想能感動他們，我們就必須將自己提出的意見，說成頗爲高貴的模樣；若是他們只有害怕，才會有反應，我們就必需好好地恐嚇他們一番。

我們在指示的語言裏，用那一種方法最能感動人，當然是必需以我們目標的性質而定。假使我們想指導別人，使他們變爲友好些，我們顯然不會願意引起他們殘酷或仇恨的感情。假使我們想指導他們，使他們的思想和行動能變得聰明些，我們顯然不會願意用不合理性的方法來感動他們。假使我們想指導別人，能過一個更好的生活，我們所用的方法必須要能引起他們高雅的情感。因此，許多最偉大和最寶貴的文學作品：聖經，佛經，孔子的著作，密爾頓擁護言論自由的文章，和林肯主張民治、民有、民享的那篇著名的格地斯堡演講辭，都是指示性的言辭。

可是我們有時也感覺到，語言本身的力量不夠感動人，不能得到我們所需要的效果，所以我們用許多種非語言的感動方法，來彌補指示性語言的不足。我們一邊說：「到這裏來」的時候，一邊用手做手勢。當廣告商想宣傳某種牙膏，使太太小姐們展齒一笑，百媚叢生的時候，他們不祇用文字描寫一番，就認爲滿足，還要用七彩圖畫來補充。攻擊羅斯福總統施行的「新政」的報紙，不單是描寫「新政」是種「威脅」，他們還刋登了政治漫畫，把主張「新政」的人，畫成一羣瘋子，將炸藥埋藏在一些美麗的、上面寫着「美國生活方式」的房屋底下。證道和傳教的場合，往往可以利用服裝、焚香、儀仗、歌詠、教堂的鐘聲等方法，增加引起感情的效用。在一個政黨候選人競選的時候，他除了演說之外，還有種種別的辦法來吸引投票者，例如軍樂隊、旗幟、遊行、野餐、宴會、不花錢的雪茄煙等。

假若我們祇要別人做某些事，不管他們的動機如何，我們會不擇手段，用盡方法來吸引他們。有些政治上的候選人，祇要我們投他一票就行，無論根據什麼理由都沒有關係。因此，倘若我們恨有錢人，他們就替我們駡有錢人；倘若我們不喜歡罷工，他們就駡罷工；我們喜歡吃什麼，他們就請我們吃什麼；大多數人喜歡聽跳舞音樂，他們就會不談政治問題，專僱樂隊演奏跳舞音樂。此外，很多商號也是祇要我們買他們的貨就得了，什麼理由都成。所以，倘若我們能因錯覺或幻想而買他們的貨物，他們就會設法製造錯覺和幻想；倘若我們是想要戀愛成功，他們會允諾我們情場得意；我們若喜歡看穿游泳衣的女郎，他們會設法將穿游泳衣的女郎和他們的貨物硬拉在一起。至於他們推銷的是剃鬍膏、汽車、蛋捲冰淇淋、漆屋子的油漆、或是五金，那倒並沒有關係。假使不是受了法律的限制，他們畫上的女郎也許會連游泳衣都不穿了呢。你祇要打開任何一份銷路極廣的雜誌，就可以看到有些廣告商人簡直是無所不用其極。

## 指示性語言裏的諾言

除了那些隨着指示性言辭同來，純粹以吸引注意，或是創造快感爲目標的感動性成份（包括語言性和非語言性的）——例如，重覆、美麗的辭藻，廣告裏悅目的彩色，政治性遊行中的銅樂隊，美女畫等等——之外，**差不多一切指示性的言辭都是談及未來事情的**，它們有的是明白說去，有的是含蓄暗示，但都是代表尚未存在的地域的「地圖」。它們或明或暗地指示我們，做某些事情就會有某些結果發生。譬如說：「假使你選擧我，我就會減輕你的捐稅。」「照着這些宗教上的道理過日子，你的內心就能得到平安。」「只要讀這本雜誌，你就能明白最近的大局，不致落伍。」這許多諾言中，有的不用說，是眞正能辦得到的，有的却不能，事實上，我們每天都會碰到顯然沒法做到的諾言。

有些人覺得，廣告和政治宣傳，都是專以「訴諸感情」爲能事的指示性言辭，因此加以反對。這種過慮完全沒有根據。因爲指示性的語言，倘若沒有某種刺激情緒的力量，就一點用處也沒有。我們並不反對募款救濟貧民運動中，用「救人一命，勝造七級浮屠。」一類訴諸情感的話。當人家對我們講大道理，或是暢談愛國的時候，激動我們愛家庭、愛朋友、愛民族的情緒，我們也不反對。對於任何指示性的語言，重要的問題是：倘若我照你所說的那樣做，結果是否能如你所允許的一樣呢？倘若我接受你的哲學，我的內心是否就能得到平安？倘若我選擧你，我的捐稅是否就能減輕？我用了救生牌香皂，我的男朋友是不是就會再來理睬我？

我們反對廣告商做不兌現的，或是給人錯誤印象的諾言，反對不守信用的政客，這是對的。雖然我們也得承認，就政客而言，有的人有時候是因爲不得已，才會在允許下某些事後，又因環境不許可，而無法做到的。人生既然如此瞬息不定，變幻莫測，我們就必須要不斷設法推測未來的變化，以作準備。指示性言辭的任務，就是要告訴我們怎樣才能使某種如意的事件實現，怎樣才能避免不如意的事情。如果它們所說的關於未來的話，能夠算得上可靠，我們生活中不安定的成份，就要減少很多。可是，倘若你所用的指示性言辭不盡可靠，將來的變化和你所允許了的不同，——我們雖然照你所說的做了，却仍然得不到滿意的結果：捐稅並沒有減輕，內心也沒有得到平安，男朋友也沒再來理會我們，那我們就會發生失望。這種失望的感覺，固然是輕重不同，因人因事而異，却無論如何，是十分普通的現象。有的最平常的，我們簡直都已不足為奇，懶得埋怨了。但是它們却有嚴重的意義。人類所以能合作，集合成一個社會，是靠着他們相互間的信心。每次失望對這種信心都多少有點虧損。

所以，每一個用指示性語言，作或明或暗的諾言的人，都有道義上的責任，必須儘量求有把握——因為世界上沒有絕對的把握的——以免引起無法實現的期望。允許立刻消滅貧窮的政客；建議別人在家裏用另一種牌子肥皂，庶幾不和的夫婦能重歸於好的廣告商；和警告讀者必須選某一個他們喜歡的政黨，以免亡國危險的報紙——說這些無聊話的人，基於上述的理由，都是危害社會秩序的。這些給別人錯誤印象的指示，不論是因愚昧或是因誤解而發，或者是存心欺騙，都沒有什麼分別，因為它們所造成的失望感覺，對於人類間的信心，是同樣的有害。

## 社會的基礎

無論如何，不管敎士說得多麼冠冕堂皇，宣傳員講得如何娓娓動聽，終不能創造出一個社會。像這種指示性的說話，我們如果不要聽，可以不聽，然而另外有些指示性的語言，倘若我們想團結起來成爲一個有組織的社會，就不能不加以理睬，現在我們要討論的就是屬於這一類的例子。

我們所謂的社會，是由許多人互相同意而形成的一個大組織，我們同意不殺我們的同胞，別人也同意不殺我們；我們同意在開車時靠着馬路的左邊或右邊走，別人也同意這樣做；我們同意送某一種貨物，別人同意按值付錢；我們同意遵守一個團體的規則，這團體同意我們享受它的特權。這一個由無數協定形成的複雜組織，差不多包括了我們生活中的每一件瑣事，而且也是我們生活中大多數期望的基礎。它的主要成份是無數關於我們應當用自己的力量，去力求實現的未來事件的語言。沒有這許多協定，就不會有社會這麼一回事，我們可能仍然會在拙劣，孤獨的洞穴裏，跼促地生活着，不敢相信任何人。有了這些協定，和絕大多數人願意按照這些協定生活的意志，人類的行爲才開始有較能預測的規範，人類的相互合作方才可能，和平和自由才能建立起來。

因此，爲了要使人類繼續生存，我們必須互相強制，勉強別人接受某種行爲規範。我們必須使一國或一地的公民，遵守該國或該地的風俗習慣，使做丈夫的對妻子忠實，做軍人的勇敢，做法官的公正，做老師的關心學生的幸福。在早期的文明裏，要使別人按照某種規範行動，主要的方法當然是實際加之於身體上的強迫舉動。可是人類一定是在有歷史不久後，就已經發現了用語言的方法——換句話說，指示性的言辭——也可以得到同樣的統制效果。因此，在一切整個社會認爲是對它本身安全有重要關係的事情上，它所用的指示性語言，也會成爲特別有力量，庶幾那個社會裏每一個份子，都能感到自身的責任。爲了要使這種指示特別有力，我們常常規定，任何不注意這些指示的人，都要受罰，甚至可能要受到酷刑或死刑。

## 有集體制裁作後盾的指示

這些有集體制裁作後盾，爲了全體利益，而想要強迫個人遵守種種規範的指示，在字義學上，是最有興趣的現象之一。它們不但往往有儀式伴隨而來，而且它們本身往往就是儀式的主要目的。除了它們以外，也許沒有別種語言更爲我們看重，更爭執得厲害，對我們生活的影響更深。國家的憲法，團體的章程，法律上生效的合同，就職時的宣誓，大部份都是用的這種語言。結婚時的盟誓，教堂裏的堅信禮，就職時和入會時的禮節，都以這種語言爲主要的因素。那些看起來似乎複雜得可怕的法律，事實上祇是將歷代累積，編纂起來的指示性語言，加以系統化而已。法律是一個社會用了最大的努力，使人類能按照固定標準而行動的一種工具。

在集體制裁下發生的指示性語言，可能顯示出下面任何一個或所有的特徵：

一、這種語言差不多總是用富有感動性的字眼構成的，以便給予別人適當的印象，和敬畏之感；因此往往有日常語言裏所沒有的古文陳語和誇張的辭句。中國結婚證書裏常常用四六駢文，公文裡用等因奉此的體裁，都是有趣的例子。

二、這種指示性的文字，很多附有懇請上蒼爲我們作證，帮助我們守信，以及倘若我們不能遵守約言，甘願受罰等辭句。鄉下人賭咒時說：「倘若不然，天雷打死。」教堂裡祈禱或懺悔時，哀求上帝，在法庭中對着聖經宣誓等，都是這種使我們記得自己的諾言是多麼神聖不可輕視的方法。

三、倘若沒有說上帝會懲罰失信的人的話，這種指示性的語言往往會聲明或暗示出來，別的人會給我們懲罰的。法律制裁、批評、檢討，都是人類懲治人類的方法。

四、在正式公開宣誓之前，常常還有各種初步的訓練：例如說上班學習將要立的誓有什麼意義，牧師就職前的絕食和苦行，原始民族裏將要被立爲武士者就必須經過的種種體刑，大學生進「兄弟會」或是新入學時的「拖屍」等都是。

五、用這種指示式的語言時，同時還可能有別的姿勢或活動，以便到場的人能記得更牢。例如說，法官入法庭時，每一個人都要站起來；皇帝或女皇加冕時，要有大遊行，還得穿特別的服裝；學校畢業典禮時，要穿學士服；結婚時，新郎、新娘和儐相等都要穿禮服。

六、宣誓之後，接着可能就有宴會、舞蹈和其他種種狂歡的表示，其目的也是爲了要使大家對所立的誓，能有更深刻的印象。例如說，婚禮後有吃喜酒，跳舞會或鬧新房等等；畢業時有畢業典禮；新官上任有歡宴；就是在最貧寒的家庭裏，婚嫁大事也不免有一番慶祝。在原始社會裡，每換一位新酋長，可會有幾天，或甚至幾星期的宴會和舞蹈。

七、倘若第一次立誓時沒有特別的儀式，我們就會一次又一次地重覆這些誓言，以求獲得效果。

許多國家的人民，都得常常向國旗或領袖的畫像宣誓。我們大家所熟悉的口號，就是簡潔有力的指示。在香港，「不准隨地吐痰」的告示，在電車、輪渡或銀幕上，幾乎無處看不到。這就是想用屢次重複的方法，使人們記得自己責任的意思。

這些伴着指示性語言同來的活動，以及指示性語言中的感動性成份，都有一個共同的特徵，那就是，它們能在人們的記憶裏產生深刻的印象。任何一種從官感得來的印象——從入會禮或慶祝晉升爲武士典禮時所受的痛楚，到音樂，錦繡的衣冠，富麗堂皇的環境等種種樂趣——都可能會有人應用。任何一種感情——從害怕上蒼責罰，到成爲大家注意中心，得意洋洋的感覺——都可能會被激引起來。用這些方法的目的，就是要使和社會訂立了契約的那個人　那個爲尙未存在的地域先畫好了地圖的人——永遠不會忘了他該設法使那地域能夠眞正存在。

爲了這些理由，婚姻、受洗禮、總統就任、牧師就聖職、英雄受勳等，往往成爲一個人終生遺忘不了的事。卽使是當事人後來不能做到宣誓的諾言，他也會永遠無法忘記他應該那樣做。當然我們大家都用這種儀式的指示，並且對它們發生反應。這些能使我們發生反應的辭句，表現出我們內心最深處的宗教、愛國、社會、職業和政治上的信仰，比我們放在口袋裏的身份證、社員證、和戴在衣襟上的徽章，還要淸楚。一個人到成年以後才改變宗教的人，每逢聽到他幼年時熟習的儀式，往往會感到一種衝動，想重新回他早年的信仰裡去。人類所以能運用語言，以影響未來，互相控制對方的行爲，就是靠着這種方法。

但是我們應該注意，我們的許多社會指示，以及伴隨着它們而來的儀式，都已經陳舊不合時宜了，而且對於一個成年人的心智，似乎不免有些輕視侮辱的意味。有些儀式起源很早，那時一般人不被好好地駭一下，不肯規規矩矩的行動。這種儀式，對於已經有了社會責任心的現代人士，實在已經不需要了。例如說，一對成熟的、有責任心的男女，也許會祇在市政府裡，化費五分鐘，舉行一個很簡單的婚禮。可是他們的婚姻，可能會比一對未成熟的男女，用了隆重的儀式，糜費了無數金錢和時間所結成的婚姻，來得成功。雖然一般社會指示的效果，顯然是以接受這些指示的人們是否情甘意願，心理是否成熟，智慧高低如何而定，但是很多人仍然有一種依賴禮儀本身效果的傾向。這種傾向的起因，當然是因爲我們仍舊免不了相信語言有魔術作用，認爲我們祇要把某些辭句，按照固定的方式，一遍又一遍地講，就可以對未來發生一種力量，使未來的事件一定能以我們講的方式出現。我們在新年裏要說「吉利話」，「討口采」，就是這種迷信的表現。還有許多學校，不分配給學生更多的時間和機會，讓他們去研讀民主眞正的意義和實踐民主的方法，而專門加重向國旗致敬的儀式，或叫學生大唱國歌，這樣下去，也許反會使「民主」一詞，對於學生成了一個毫無內容的空洞名詞。

## 什麼是「權利」

「我的地產」，「我的書」，「我的汽車」。從外向意義看來，這個「我的」究竟是什麼意思呢？無疑地，「我的」並不代表上述各物件的任何特性。一張支票易手，「你的」汽車就變成「我的」了；

汽車本身並沒有起任何變化，那麼是什麼東西起了變化呢？

無疑地，發生了變化的是社會上一般人對於我們應該怎樣處理那輛汽車的意見。從前，那輛汽車是「你的」時候，你可以隨心所欲，任意處置，我可不能。現在它是「我的」了，我可以任意應用，你卻不能。在外向的世界裏，「你的」或「我的」這些字，並沒有什麼意義。它們眞正的意思是在我們打算怎樣行動裏的。當整個社會都承認了我的「所有權」的時候，（譬如發給我一張證明文件），它就肯保障我使用那輛汽車的意向，並且阻止別人，不讓他們不得我的許可便使用那輛車，如有必要，甚至不惜借重警察的力量。我服從法律，付稅維持政府的費用，因此社會也盡它的力量，和我訂立這樣一個協定。

如此說來，一切對於「所有權」和「權利」的聲明，可不都是指示了嗎？「這是我的，」不是可以譯成：「我要這東西，你不許動」嗎？「每一個孩子都有受教育的權利，」不是可以譯成：「給每一個人受教育」嗎？所謂「道義上的權利」和「法律上的權利」的分別，不就是前者代表一般人認爲應該要成立的協定，後者代表已經得到了團體和法律的認可而成立了的協定嗎？

## 指示和幻滅

在我們將指示性語言這題目討論完畢以前，還得先提出幾點以資警惕。第一，既然人類的語言對於任何事物，都不能全部說出來，指示性言辭裏所包括的允諾，一直就不過是「未來地域」的「地圖輪廓」而已。這種「地圖輪廓」將來自然會塡滿的；可是未來的詳細情形往往和現在的預測不同。有時，無論我們怎樣努力地想實現自己的諾言，未來的發展仍可能和我們的地圖毫無關係。我們立誓永遠做好公民，永遠盡責等等，可是我們生平從來沒有能每天都做好公民，或是曲盡所有的責任的，任何指示都不能使將來完全按照我們心願的格式出現，我們祇要能領悟到這一點點就可以不致於有不可能的企望，因此也不至於生不必要的失望了。

第二點，指示和說明性的語言，往往相似，我們應該能把它們分辨開來。「童子軍清潔、俠義、勇敢。」「警察保衞弱者。」這一類話是設立目標，並不一定是描寫現狀，這一點是非常重要的。因爲把上述的定義當作對現實的描寫，所以看到一個不俠義的童子軍，或是欺凌別人的警察，就會受到刺激，發生厭惡而幻滅。這種情形實在太多了。有人甚至會有「決不再談童子軍，」或是「一切警察都討厭，」的想法，這當然是不對的。

我們所以會不能正確地了解指示的性質，並且因此發生失望和幻滅的感覺，第三個原因便是我們太富幻想，把指示裏並沒有的意義，看作是它眞個有的了。舉個例子說，美國法律禁止藥商誇張自己藥劑的效力，有些出賣防腐劑和萬靈藥的商人，就登載些模稜兩可的廣告：「可以使感染不太嚴重，」「有助減輕受寒後的徵兆，」「有助防止流鼻涕及其他不適。」有些人讀了這些廣告，就認爲祇要吃這些藥，就可以防止並治療傷風了，這一種人正好就是廣告商心目中的傻瓜！

幻想指示裏並沒有說明出來的意思，另外還有一種方式，那就是把並不很明確的語言，認爲非常明確具體。例如說，有一位競選的人答應「保護農民」，你就投他一票，可是他上台以後，祇保護種植棉花的農人，而不保護其他農人，你却不能眞的就罵他失信。另外有一位競選的人答應「保護工會」，你就投他一票，他上台後通過的法律，却使工會裏的職員暴跳如雷，而他却還說是爲了「要使工會會員不致受領導的流氓份子操縱」呢。你又不能責他失信，因爲他最初的意思，可能眞的是這樣的。

我們常常罵搞政治的人「說了話，不算數」。許多政客確實是故意如此，可是我們同時也必須注意，他們往往並沒有答應老百姓所想像的那麼許多事情。各大政黨競選時的政綱，往往非常空洞。喜歡諷刺的人甚至說這些政綱「對於各種人，可以有各種不同的意義。」但是投票者往往不相信它們如此空洞，總以爲它們比字面上實際要明白具體些。倘若後來投票人會對政客感到失望，那錯處有時是政客的，有時却是投票人的，因爲他們事前就造成了一種幻想。——或者可以說，把各種不同的抽象階層（Levels of abstracstion）混爲一談了，這一句話的意思，以下幾章裏將有更詳細的解釋。

# 第八章　傳達感情的語言

我所謂聽覺的想像力（Auditory imagination），就是一種直達思想和感情的意識階層下面，使每一個字都充滿了活力的，對於音節和節奏的感覺。它能深入人心探訪其中最原始、平常最不注意的部份，從人類最基礎的本能裡得來力量。它當然得通過意義，才能發生作用——至少並不是完全沒有平常所謂的意義的。它能將古老的、模糊的、陳腐的成份，和流行的、新穎的、驚人的成份結合起來。它是最陳舊和最文明的心境的綜合物。

——T·S·愛利渥德

科學的語言，是幫忙我們完成生活中必需工作的工具，但是對於我們在生活裏的感覺，却一些也說不出來。我們可以一點不知道、不過問彼此的感覺，而傳達科學上的事實，可是我們前面已經說過，人類間必須先有同情的交流，才能建立起愛、友誼和團結，大家才會想要合作，組織一個社會。這種同情的交流，當然得用傳達感情的言辭，才能成功。平常多半的時間，我們畢竟並沒有完全從談話裏擯除感情成份的意思，而非常想把它們表現得越完全越好。現在讓我們研究一下，另外幾種用語言來傳達感情的方法。

## 語言催眠術

第一，我們得再說明一次，好聽的話，長的辭句，和發表談話時一般莊嚴的氣氛，不管內容如何，本身就有激發情感的作用。往往當我們聽到或讀到文辭錚錚的證道、演說、政治演講、論文、和「文藝文」的時候，我們就完全忘了批評別人，而使自己隨着作者的志願，感到興奮、悲哀、欣喜或憤怒。就像蛇一聽到弄蛇者吹橫笛的樂聲，就失去自主能力一樣，我們也受了語言催眠術家音律美麗的辭句所控制。假若作者是個可靠的人，我們沒有理由不這樣享樂一番，可是老是這樣地聽講和讀書，却會使人失去辨別的能力。

有些人從來不問別人對他講了些什麼話，因爲他們衹對語言的聲音所給他們的溫柔感覺發生興趣。就像貓和狗喜歡有人撫摸牠的毛一樣。也有些人喜歡每隔一個相當的時期，就有別人用語言去撫慰他們一次，這是一種最簡單的滿足感官的方式。像這種聽衆，爲數頗多。所以，在政治界、舞台、無線電、講堂和教堂裏，因爲知識不夠，而不能成功的情形是很少的。

## 其他傳達情感的成份

上面已經說過，一再重複同樣的聲音，可以有感動人的力量。有些「吸引注意」的名字和口號，就用這種方法，例如「五五五」和「九九九」牌香煙，「非爲役人，乃役於人」等。這類中比較高級的，不但要重複聲音，並且要重複文法的結構。譬如說：

愛人如愛己，救人救澈底。

民有、民治、民享的政府。

從科學報告文的立場講來，這些話裏有好些字都是多餘的，但是沒有它們，就不能給人那麼深刻的印象。假若祇要說明意思的話，林肯很可以只說『民治、有、享的政府』，或者甚至更簡單地說『民衆的政府』，就已經夠了。但是他並不是在寫一篇科學論文。他把「民」字，清清楚楚地講了三遍之多，每一次看起來都似乎是不必要的重複，實際上却使我們更深切、更充份地了解這個字的感情含義。這裏雖然不是詳細討論聲音中種種複雜感動人的性質的地方，我們却應當記得，文學和演講裏許多引人入勝之處，都是建築在語言基礎上的——尾韻、歌韻、音節和節奏上的種種機巧。祇要可能，隨時有人會用這些聲音的效果，來加強其他感動人的方法的。

另一種喚起感情的方法，是直接和聽衆或讀者談話。無線電裏的播音員，最愛用這種方法。「現在本台停止播音，謹祝諸位晚安。」「倘若你還沒有買三星牙膏的話，請趕快去買，不要錯過機會。」用這種方法的目的，是要使聽衆覺得有人在和他獨自會談，因而發生興趣。一般演講者都愛用這種「個人接觸」的辦法，在說得激昂慷慨的時候，忽然轉向聽衆：「請諸位想一想，倘若你……」，或者一開始就娓娓細談，把聽衆當作是老朋友一樣。還有一個方法，和用『你』一樣普遍，那就是用『我們』。爲了要使讀者或聽衆能和他有同樣的看法，作者或演說家往往把他們無形中拉到自己一邊。

「我們現在要考慮……」，「讓我們舉一個例子……」，「我們的責任是……」。在一般教員和牧師比較客氣點的訓詞中，這個方法特別普遍。讀者可以注意到，本書裏也是用這個方法。

爲了修辭的緣故，要使一個句子聽來或讀來好聽一些，我們有時不惜顚倒或歪曲文法。譬如說，爲了要吸引注意，我們有時不惜將一個句子拉得很長，不讓它立刻結束，而把讀者所要知道的事情一直留到最後。「爲了自己的快樂，爲了下一代的幸福，爲了國家的富強，爲了民族的前途，爲了人類的將來……我們不能不注意清潔衞生。」我們所謂的對偶——把不同的意思，用對比的音節和文法結構排列在一起，以引起讀者的注意——就是一個例子。「千山鳥飛絕，萬徑人跡滅。」「朝進東門營，暮上河陽橋。」「信知生男惡，反是生女好。」「平生不會相思，才會相思，便害相思，身似浮雲，心如飛絮，氣如游絲……證候來時，正是何時，燈半昏時，日半明時。」

## 隱喻和直喻

上面已經說過，語言能傳達知識，同時也能傳達感情。這就是爲什麼有些話，如果照字面呆板地解釋起來，毫無意思。——「一日不見，如隔三秋。」「遍地皆黃金。」「把我累死了。」從傳達感情的立場看來，却實在是「有意思」的，至於它們的說明含義是否不夠準確，或是不恰當，却毫無關係。因此，我們在描寫月光時，無論說它是「水」，「地上霜」，「藍色的波濤」，都不要緊，祇要我們所用的字能使讀者對於月光，或是當時整個的情形和背景，發生我們所要傳達的感情就成了。這也就是為什麼翻譯文學作品會這樣困難的理由——要將意思翻譯出來，就往往會曲解感動性的含義，反過來也是一樣。因此一個會讀原文的讀者，差不多一定會對譯本不滿意，認為它不是「失去原著神韻」，就是「錯誤百出。」

從前曾經有過一段很長的時期，一般人把隱喻和直喻，看作是「修飾」語言的東西，就像刺綉一樣，雖然能使衣服好看一點，却絲毫不能增進它的應用價值。那時候，沒有人注意到這種傳達方式的心理背景。我們常常有一種傾向，以為在我們心裏引起同樣印象的東西，一定就是同樣的。這種心理過程，在下一章裏將有更詳盡的討論。譬如說，假若我們看到有人狼吞虎嚥，十分討厭，想起祇有以前看見一隻豬在槽裏大吃時，才有這副吃相，那麼我們第一個不加思索的反映，一定會是「那隻豬!」因為在我們看來，那個人已經和豬合而為一了。再譬如說，春雨吹來給人好感，美麗的小姐們柔軟的手，也給人好感，所以有些詩人會寫道：「春天招着輕盈纖柔的手。」這就是我們所以會有隱喻的基本過程了。隱喻並不是一種「修飾，」它們是直接表現我們感想的方法，祇要我們有強烈的感情要表現，就有隱喻出現。所以在原始人類、民間、無知識的人、小孩的語言裏，以及戲劇界，流氓和其他活潑的行業的俚語裏，隱喻特別的多。

以對我們情感的影響而論，有生命和沒有生命的東西毫無分別。怕獅子也好，怕火也好，一樣的都是害怕。因此，在表現感覺的言辭裏，我們會說：「春風吻頰」，「狂濤怒浪」，「高峯聳立」，「暴日當空」，「海嘯地震」。普通修辭學書上，把這種現象稱為是「將沒有生命的東西，描寫成為有生命的」，稱做是「擬人化」（Personification）。其實，如果我們說它是「有生命和無生命的不分」，倒反而清楚些。

## 直喻（Simile）

然而，即使在最粗率的估價裡，我們也可以明白地看出，叫一個人做豬，並沒有充份顧到人和豬的分別。如果多想一下，我們就一定得自動把原來的說法改成：「他像一隻豬」了。這種說法稱做「直喻」——那也就是我們明白地說出來，我們對那人和豬有相同的感覺。所以，直喻是在直接不加思索的表情和報告之間，一個折衷的說法；當然，它接近前者的成份要較接近後者的成份多。

過去從來沒有人充份地注意到，我們所謂的俚語和俗語，遵循的原則正和詩歌一樣。俗語和俚語中常常用隱喻和直喻：「一溜煙」，「借光」，「霉郎中」，「滾蛋」，「揩油」，「加油」，「吹牛拍馬」等。創造這種辭句的想像過程就像詩人寫詩一樣。在詩歌裏，我們也可以看得出，人類怎樣喜歡用從科學的立場上說來是荒誕不經，而就情感而論却是非常有力的語言來觀察世界：

「車似流水馬如龍。」

「黃河之水天上來，奔流到海不復回，君不見高堂明鏡悲白髮，朝日青絲暮日雲。」

「舉酒邀明月，對影成三人。」

「人比黃花瘦。」

「只恐雙溪舴艋舟，載不動許多愁。」

因此，我們所謂的俚語，在某一種意義上也可以說是日常生活中的詩歌，因爲它執行的任務和詩歌差不多相同。換句話說，它生動地表現出了一般人對於人生，以及他們在生活中遭遇到的事物的感想。

## 死了的隱喻（Dead Metaphor）

隱喩、直喩和「擬人化」都可列入我們最有用的傳達方法中，因爲他們能夠很快地喚起印象，使我們無需另創新字來表現新的事物或感想。事實上，它們應用在這種目的上的情形是如此普遍。我們雖然經常地在用着它們，却連自己都沒有感覺到。例如說，我們每次講到「床頭」，「山脚」，「桌面」，「桌腿」，「椅背」，「主流」，「支流」，就是在用隱喩。政府「壓搾」人民，民生「枯窘」，汚吏「橫行」，所以要「摧毀」舊政府，「建立」新秩序。甚至在最沒有「詩意」的報章經濟欄裏，都有不少隱喩：貨物「滯」銷，市場上陳貨「充溢」，似已達「飽和」程度，××幫「吸進」黃金，××幫大量「吐出」，物價「上漲」，「下跌」，經濟「圈」內十分注意……這種例子眞是不勝枚擧。因爲隱喩的用處如此大，所以它常常成爲語言的一部份，以正常字彙的姿態出現。語言所以能發展、變遷、生長，隨時隨地適應我們變動不休的需要，隱喩是最重要的工具之一。而且，它一旦成功風行，就死去了——這也就是說，這些隱喩變成我們常用的語言的一部份，沒有人再將它們當作隱喩看待了。

常常有人反對某些理論，因爲它們「以隱喩」或者「隱喩的思想路線」爲基礎，這種態度是不對的。因爲問題的癥結並不在有沒有用隱喻，而在那些隱喻是否用得恰當。

## 典故（Allusion）

另外一個傳達感情的方法就是典故。譬如說，倘若一個旅客深夜獨自坐在停泊着的小船上，看着眼前遼濶的原野，週圍一瀉千里的江河，深感身世飄零，前途茫茫，就不自覺地吟誦杜甫的名句：

『細草微風岸，危檣獨夜舟，星垂平野濶，月湧大江流……飄飄何所似，天地一沙鷗。』

每一個熟悉這首詩的人，都會知道這位二十世紀的浪子，是在把唐朝那位飽嚐顚沛流離之苦的大詩人的心情，比他自己。這也是一種用不明說的比喻以表達情感的方法。因此，典故是一種極簡捷的表情和引起共鳴的方法。用一個聖經或是經書裏出來的典故，能引起人敬拜和虔誠的感覺；用一個歷史上的典故，譬如說老張是「抱不起的阿斗」，就使人想到老張如何沒用，辜負人望；用一個文學上的典故，例如說某某別墅像是「大觀園」，能使人想起這個別墅裡富麗繁華，風流奢靡的生活。

可是，祇有對熟悉我們所講到的歷史、文學和人物的人，典故才能有用。家庭裏的笑話，往往根據那家人經驗中的事件和囘憶，外人乍然聽到，不易了解，一定要有人解釋給他們聽才行。從古典文學裏來的典故，往往要用註解，否則外行人不能欣賞。可是祇要有一羣人——一家人或是有同一種文明的人——，有共同的囘憶和傳統，他們就能利用典故，作爲一種非常精巧而有效的傳達感想的方法。

因此，每一種文化裏的青年人，都得研究他們自己的文學和歷史，其中原因之一，就是要他們能夠了解並且參加自己集團內思想和情感的交流。若是一個人不能了解「他是孔夫子，」「莽張飛，」「結秦晉之好」等話，他對於中國人日常的生活和習俗，一定會有不能充份了解的地方。對於中國歷史上有名的人物，三國演義、水滸、紅樓夢等著名小說的主人翁，屈原、陶淵明、唐詩、宋詞、元曲中的名句，孔、孟、老、莊的哲學，一點都不知道的青年，對於中國固有的文化傳統，可謂是個門外漢。所以研究歷史和文學，並不祇是要講體面，稱風雅而已（很多講求實際的人常常是這樣想的）；要使我們能更有效地傳達自己的意見和感情，以及更好地了解別人的意見和感情，它是一種不可少的工具呢。

## 譏諷、感傷和幽默

許多幽默，譏諷和感傷，都是由一個比較複雜些的方法造成的，也就是故意用顯然是不恰當的比喻或典故，使我們發生一種衝突矛盾的感覺，注意到我們所討論的事物和所用的語言是多麼不調和，在這種情形下，那些矛盾的感覺就會溶化爲一個新的而且不同的感覺。譬如說，倘若我們聽到杜甫「旅夜書懷」的時候，正坐在一個摩登的戲院裏，舞女如雲，樂聲喧嘈，觀衆正在高聲叫好，鼓掌不停。這時，詩中凄凉寂寞的情緒，和當前的狂歡生動形成一個強烈的對照，使你感到異常的不勻稱，不是想哭泣，就是想大笑。事實上，有許多極複雜細膩的感情，祇有用這種方法才能引起。例如說，西施可以代表極美麗風雅的女郎，臭豆腐却是既不美又不風雅的食物，可是賣臭豆腐的却是一個西施似的美人，於是我們就稱她做「臭豆腐西施」。本來「三十六行，行行出狀元」，賣臭豆腐的女郎，不一定要比浣衣女醜，可是這一個名字，總不免引起一種滑稽的感覺。這個比較複雜些的方法，可以用一個從物理學上借用來的圖表，表示出來：

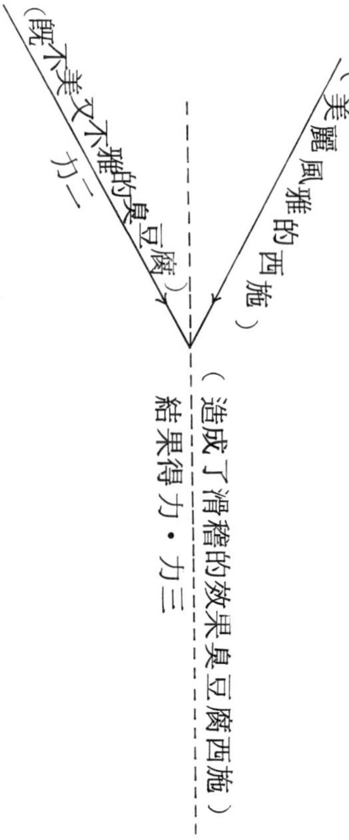


## 事實怎樣感動人

下面是美國芝加哥「太陽日報」在一九四八年十月四日關於汽車撞人事件的一段記載：

遭難者之一爲愛來克斯・庫茲馬，年六十三歲，住北楓林路八〇八號，於上星期日在金波而路轉角處越過芝加哥路時，爲疾馳而來之汽車猛撞，失去前臂，當卽斃命。據目擊者云，該車肇事後，略減速率，扭暗車前燈光，揚長而去。警方四出尋覓庫氏所失手臂，終乏結果，深信該臂已插入前述汽車之某一部份內，隨之而去矣。

對於這段新聞，很少讀者能不在情感上起一種反應的——至少要對這可怕的事件感到一些輕微的恐怖，而且對於那撞了人後不肯停車的駕駛人有一些憤怒的感覺。所以，事實的本身，尤其是在低級抽象階層上的事實，可以不需任何特別的文學技巧，便能直接感動別人。

事實的感動人，和語言中其他感動性的成份，有一點很重要的差別。用後者時，作者或說話者是在表達自己的感情。用前者時，他是在「壓制自己的情感」——那就是說，用客觀的，一切旁觀者都能證明的方法報告事實，不管他本人的情感如何。

一個把事實正確地講出來的報告，往往比直截明白的判斷，更能感動人。上面那段新聞，就是一個很好的例子。要是這個報告寫得更具體些——描寫死者臉上的血，撕破了的衣服，從他折斷後殘餘的手臂上掛下來的肌肉等等——它也就更能感動人。我們不告訴人：「這是件可怕的意外事件！」而使讀者自動地這樣講。那就是說，我們讓讀者自己下結論，因而也參與了這傳達的行動。所以一個技巧好的作家，往往特別長於選擇能按照他意願中的方法，以感動讀者的事實。這種描寫或敘事的文章，使我們信服的可能，要比一連串明白說出來的判斷來得大。因為作者並沒有要我們聽他的話，承認那件意外是「可怕」的。所以當我們得到這樣一個結論時，從某一種意義上說，它已是我們自己的，而不是作者的結論了。

## 作品的等級

依靠事實感動人——也就是說，依靠讀者本身的力量，讓他們自己找到我們所要他們找到的結論——的程度，當然會因題目和讀者的不同而有相當的差異。

在這一點上，把各種等級不同的雜誌和故事比較一下，倒是件有趣的事。美國的雜誌有低級和高級之分。在寫給大衆看的雜誌裡，很少有作者依賴讀者自己的能力，讓他們自動獲得結論的文字。爲了不讓讀者「費心」，「傷腦筋」，作者總替他們下了判斷，越是低級的雜誌，這種現象越明顯。可是「高級」雜誌的趨向，却是要多多地依賴讀者本身。當事實「一目了然」的時候，它們就不下判斷。或者每下一個判斷，必定提出相當多的事實，以便讀者如果願意，可以自由地另下判斷。

這種現象，在和各種不同的人談話時，也可以看得出來。倘若你聽鄉下老太婆講故事，她講不到幾句話，或最多等到講完一個故事時，就一定要下結論了：「好心有好報」。「天老爺有眼睛」。「罪過」。「活該」。可是教育程度較高的人，說話時結論就比較少，事實就比較多。

## 文學的功用

從上面講過的話，我們得到的第一個最明顯的結論是：表現個人感情，既然是文學的中心，感動性的成份自然在所有文學作品裏佔着最重要的地位。在估量小說、詩歌、戲劇、短篇小說、證道、勸人爲善的文字、政治性的演講、和一般指示式的語言時，一篇文章是不是能當做一幅代表眞實地區的「地圖」用，往往成爲次要的問題——有時候甚至簡直沒有關係。否則，大人國小人國遊記，愛麗思漫遊仙境記，西遊記等都要沒有存在的理由了。

第二，當我們說一篇感動性的文字是「眞」的時候，我們並不是說就科學的觀點而論，它是「眞實」的。我們的意思可能只是自己贊成那表達出來的情緒；或者相信某一種態度已經眞確地表達出來；還有一個可能是，我們相信那篇文章喚起的態度，能幫助我們改善社會習俗和個人的行爲。「眞」這個字可能有的意思，簡直就講不完。一般認爲科學和文學，或科學和宗敎免不了要發生衝突的人，所以會有這種感覺，是因爲他們習慣於把世界上的東西，分做相反的兩類：黑和白，眞和假，好和壞……對於這種人，倘若科學是眞的，文學或宗敎就是胡鬧；倘若文學或宗敎是眞的，科學就只是「莫名其妙，自以爲是」。當有人告訴我們，某些話在科學上講是「眞」的時，他們的意思是說那些話是有用而且能證實的公式，對於有組織的協力工作能夠適用。當有人告訴我們，莎士比亞的戲劇，密爾頓或但丁的詩永遠是「眞」的時，他們的意思是說，這些文學作品使我們能對他人抱某種新的態度，對自己能夠了解，或是能有深切的道義責任的感覺；這種種貢獻，在任何能想像得到的情況下，都是對於人類很有價値的。

第三，讓我們考慮一下報告和科學文字的一個缺點吧。老張和陸小姐的戀愛，與小王和陳小姐的戀愛不同；小王和陳小姐的戀愛，與老周和洪小姐的戀愛不同；老周和洪小姐的戀愛又與老楊和曾小姐的戀愛不同。以上各組戀愛的情況，都是獨特自成一家的，沒有兩組戀愛能完全相同。事實上，就是同一對情侶的愛情也不能每天完全一樣。科學要找尋的是能應用得最廣，普遍性最大的定理，所以它從這許多情形裏，只抽出它們的共同性來。可是每一個戀愛的人，却只注意到自己的感覺與衆不同，我們大家都知道，每一個有情種都以爲他自己是世界上第一個如此痴情的人。

這種不同的感覺，要怎樣才能表達出來呢？在這一點上，語言中的感動性用法，就發揮了最大的作用。我們對於得到那許多過去經驗，有無數不同的感情，那許多感情間的差別實在太精細巧妙，無法報告，只能表達。我們所以能將它們表達出來，是靠着用了複雜的方式，運用語言的聲調，節奏，含義，感動性的事實，比喻，典故以及我們語言中其他一切可以應用的感動性的工具。

我們要表達的情感，有時往往是如此細巧而複雜，用幾行散文或詩歌，還不能完全傳眞。所以作家們有時必須寫整本的書，把他們的讀者引過了一幕幕的佈景、情況和事變，使讀者們的同情一會兒傾向這邊，一會兒傾向那邊，使他們戰鬥的精神，溫柔的情感，悲哀的感覺，狂笑，迷信，貪慾，感官的快感，虔誠的心境，能逐一喚起。有時，一個作家必須用這些方法，才能使他要表現的感覺，絲毫不差地重現在讀者的心裡。這就是爲什麼世界上有小說，詩歌，戲劇，故事，譬喩，寓言等存在。它們能把「人生是悲劇」，「曼麗眞美麗」之類的話，不用刻板簡單的形式直說出來，而讓我們自己去體會那一連串的經驗，使我們對於人生，對於曼麗和作者有同樣的感覺。文學是情感最正確的表現，科學是一種最正確的報告。詩歌將語言裏一切感動性的資料，節縮成種種節奏精巧非凡，變化無窮的格式，因此可以稱做效率最高的表情語言。

## 象徵的經驗（Symbolic Experience）

因此實在講來，讀過好的文學作品的人，比不能或不願讀好的文學作品的人，對人生的經驗要豐富得多。讀過紅樓夢的人，就像曹雪芹再世一樣，經歷了人生的風流繁華，悲喜哀樂，終於發覺原來一切都是場空夢。讀陶淵明的詩，就像自己也在亂世裏，退隱山林，度淡泊寧靜的生活。從杜甫的詩裏，我們又體驗到最能感動一般中國讀者的國破家亡，悲天憫人的情感。這就是傳達情感的語言所做的一個偉大任務。它使我們能知道別人對於人生的感覺，卽使他們是生活在幾千里外，幾百年前。一個人祇能有一個人生，這句話是不對的。倘若我們能閱讀，我們可以隨心所欲，渡許多個，許多種不同的人生。

講到這裡，也許會有讀者提出問題，表示反對了。當我們說除了自己的人生之外，還能夠過別的人生時，我們這句話是不是有些牽強附會呢？在某一種意義上說，這個異義確有理由。因爲在我們過自己的生活，再在「書本上過別人的生活」這句話裡，「生活」二字，前後兩次的意義不同。可是我們可以在好幾個不同的階層上過我們的「一生」。因爲我們所生活着的世界不但是有外向的，而且還有語言的（別的符號亦然）。「在書本裡過別人的生活，」用我們的說法，就是象徵的經驗——有時也稱做「間接的經驗」（Vicarious experience）。

在欣賞或觀察一篇文藝戲劇作品——小說劇本、電影——時，當故事裏的主角在某一種程度內象徵我們自己時，我們就最覺得欣賞。一個女孩看到安秀麗丹和一個漂亮的男子在銀幕上接吻，會快慰地嘆氣，就像是她自己在接吻一樣。從象徵的觀點看來，她確是在接吻。換句話說，她把自己當做安秀麗丹和安秀麗丹在故事中扮演的角色了。亨佛利鮑加在銀幕上和一羣壞人廝打，成千個觀衆都握緊了拳頭，就像自己也在廝打一般，象徵地說，他們確實如此。當我們把自己當做是故事中的人物時，小說家或戲劇家就在使我們經歷有組織的，連串的象徵經驗。

實際和象徵經驗間，差別很大。我們在電影上看別人打架，並不害怕；看到舞台上有人吃飯，並不就得到食物營養。並且，實際經驗都是異常沒有組織地得來的：吃飯，和房東太太爭執，去醫生處看病種種瑣事，不時打斷了絢爛的羅曼史過程。但是一個小說家却將與故事有關的事實選擇，組織起來，使它們能成爲有意義而且首尾連貫的。選擇，組織事實，使它們相互間，以及對一篇小說或戲劇的主題，能發生一些有意義的關係的這種工作，就是所謂「講故事者的藝術」，一切批評文學技巧時所用的名詞：情節、個性的發展、故事的結構、高潮、轉變等，都和將象徵的經驗組織起來以便產生出來的綜合物（寫成的小說或戲劇），能對讀者發生我們需要的作用——這一種努力有關。

一切欣賞文學和戲劇的舉動，不論是童年時代聽保姆講童話，長大成人時看電影或讀「偉大的文學作品」，都似乎多少需要讀者在想像裏把自己當做故事中的角色，並且設身處地，把自己想像在故事裡所描寫的環境中生活一樣。一個讀者能否把自己當做故事裏的角色，一半得看這故事成熟的程度，一半也得看讀者本人成熟的程度。倘若一個成熟的讀者，無法將自己當做一個美國西部牧童故事裡的英雄，那就是因爲他覺得那位英雄頭腦太簡單，不能代表他自己，其他的壞蛋和情節又太不合情理，不能代表他的仇敵，他的問題。但是另一位未成熟的讀者，在看這同一個故事時，却可能會感到一種極強烈的慾望，想把自己想像成一個勇敢的牧童，因爲經驗或敎育不夠的緣故，他也許會分不清那種人物或事情是合理的，那種是不合理的，因此非常喜歡這個故事。可是，假若這位不成熟的讀者看到了另外一個故事，其中的主要角色在看法和背景上都和他相差極遠——譬如說，一位十八世紀法國的主敎，他所遭遇的問題和事情都是這位讀者從來沒有聽到過或想到過的——他就會覺得這位主角無論如何也不能象徵自己，因此一口認定這本書「太枯燥了」，而將它束諸高閣。

我們所以稱有些人「不成熟」，原因之一，就是因爲他們不能對付失敗，悲劇或任何種不樂意的事。甚至在象徵經驗中，這種人也往往不能忍受「悲苦的結局。」所以在大衆文學裏，一般人都愛看「大團圓。」卽使是情節悲哀的故事，也非得圓滿結果不可。不成熟的讀者隨時都要有別人向他們保證，最後的結果一定會一切圓滿的。

可是隨着年齡的增長而變得成熟了的讀者，却會不斷地使他們的象徵經驗變得日益深刻、廣泛和精細。在曾經正確地觀察過世界，並且能將他們的印象有意義地組織起來的，手法極高的作家的領導下，一個成熟的讀者可以象徵地經驗到做一個中國的農婦，羅馬的皇帝，十九世紀早期的詩人，希臘的哲學家，優柔寡斷的丹麥王子，或是一個財產被人呑沒了的墨西哥佃農的滋味。他能象徵地經驗到謀殺、犯罪、宗敎熱誠、破產、失去朋友、發現金礦或新的哲學與原理，以及蝗蟲爲災後悽寂的心境。

每受一個新的象徵經驗，就是表示他對人和對事的見識，又豐富了一些。

一個不成熟的讀者，看了通俗文學作者用來哄騙羣衆的少數幾個角色，（幾乎全是年青漂亮的男子、容貌美麗、家境富有、出身名門的少女），沉浸於很少的幾種象徵經驗中，（愛、愛、愛，最後還是愛。）感到十分滿意，這種人可以終生從書攤或流通圖書館那裡弄來許多流行的小說，埋首閱讀，而本人的知識和同情却毫無顯著的增進。

相反地，倘若我們是成熟的讀者的話，我們的閱讀就能進步，我們的想像越是擴張，越是運用，就越有再度擴張的可能。漸漸地，我們腦筋裏的「地圖」就變成更完備，更正確，更能代表在許多種不同的情形下，不同的時期裏，人類性格和行爲的眞「地域」了。漸漸地，我們因爲知識增添，洞察世事，因此能對世界各地的人都發生了同情。埃及的國王，道貌岸然的西藏僧侶的眞面目，流放在外的羅馬政治犯，憤憤不平的紐約黑人青年，雖然有的描寫得生動和親切些，有的差些，却都由小說家、詩人和戲劇家帶到我們的眼前，讓我們知道他們怎樣生活，有什麼憂慮，怎樣感覺。當我們用了這種方法，觀察在任何時間，任何地點內的別的人類的生活後，我們就會很驚奇地發現，他們也都是血肉做成的人。這個發現是一切文明人間關係的基礎。倘若我們在團體，工業、國內和國際的關係上，仍然還沒有變成文明人的話，很大的原因是因爲我們多半還沒有看到這點。文學是達到那個目標的主要工具之一。

# 科學和文學

由於科學上傳達知識的方法——包括國際間通用的度量衡制度、動植物學專門名詞制度和數學符號制度等——我們現在已能互相交換知識，把大家的觀察所得集中起來，而且對於我們的環境，有了集體控制的力量。由於傳達感情的方法——見面時用談話和手勢，不能見面時用文學和其他的藝術——我們已開始互相了解，不再像禽獸般的互相猜忌，而且逐漸感覺到自己和別的人類間深切的合羣關係了。簡單地說來，科學使我們能夠合作，文藝擴展了我們的同情心，使我們願意合作。

在技術上，我們現在已經有了長足的準備，差不多可以要什麼就有什麼了。但是我們的需要都很簡陋。世界上似乎只有一個動機，可以強而有力到迫使我們運用全部的技術力量的，那就是「求國防安全」的慾望，每一個大國都在作費用浩大、全民族同心一意的努力，準備一次沒有人願意開端的戰事。因此我們將來急迫的任務，不但是要將科學方法應用到那些現在仍然是被迷信統制、以致未來災難不可避免的學問，例如政治學和經濟學上去。我們還要運用藝術和文學感動人的力量，使我們野蠻的意志，能受文明的感化。我們不但要能在一起工作，我們還得積極地想在一起工作才行。

# 第九章　藝術和激盪的情緒

但是我的立場是：假若我們能努力一下，探測詩歌對於詩人有什麼影響，那麼在詩歌對於羣衆有什麼影響這個問題上，我們或許也可以發現一些普遍的原理。

——坎乃斯·勃克

一本編選得很好的詩集是一家完備的藥房，比較普通些的精神病症所需要的醫藥一應俱全，而且對於防病治病，同樣有用處。

——羅勃脫·格雷扶斯

## 逆來順受

一般動物必須先有直接經歷，才能認識他們的環境。人類却用語言的符號，將他們知識和情感的結晶，表現出來；靠着文字的力量，將他們積聚的知識傳授給後代。動物們在那裏找到食物，就在那裡吃住。人類却能利用言語的方法，將自己的努力和別人的努力結合起來，獲取豐富的食物，吃着幾百雙手合力做成、從遙遠的他方運來的東西。動物們互相控制的力量有限！人類却因爲運用語言，所以能制定有系統的法律和倫理制度，使他們的行爲有秩序，有條理。追求知識，獲取食物，建立社會秩序，這些在一般生物學家的眼光中，都可以解釋爲有關生存的活動。對於人類，每一項這種活動，都包括着一個象徵的方面。

讓我們先用能在科學上證實的名詞——換句話說，生物學上所謂的「生存價值」——來說明文學的功用。就我們目前所知道的心理學的知識而論，這當然是一件困難的事。但是我們必須要試着這樣做做看，因爲多半解釋文學（或其他藝術）的價值或必要性的文字，都是用「喜詞」寫成的，說不上是解釋。譬如說，英國商人華茲華斯說詩歌是「一切知識的氣息和精美的精神。」柯萊立奇說它是「最好的字按照最好的次序排列成的。」多半的教師和批評家，對於文學的解釋，也追隨其後，應用了相似的「喜詞」的格調。他們的那套話，一句話就可以說完：「你應該讀偉大的文學，因爲它非常非常的偉大。」倘若說明要用科學的方法解釋文學的功用，我們的說明必須要比這個好些。

我們在前面現已用「文學」這名詞，包括語言中一切感動性的用法，我們現在就能看出來，根據學者和批評家深刻的見解，以及近代心理學和心理分析學的研究結果，感動性語言最重要的功用，就是緩和激盪的情緒。我們都知道，當我們十分惱怒時，把別人痛痛快快大罵一頓，心裡會感到多麼輕鬆。倘如我們能相信作家們對於自己創作過程的描寫，那麼各種訴述情感的語言似乎都同樣地能達到發洩激盪的情緒的效果。小說、戲劇和詩歌的起源，就和起誓詛咒一樣，都因爲一個有機體經驗到十分強迫的情感（無論是歡喜、痛苦、不安或失望）的時候，內心有一種不可抗拒的需要。說出來了以後，這種激盪的情緒就可以或多或少，也許祇是暫時地，鬆弛一些。

一個失望了或是不快活的動物，對於自己的煩惱沒有多大辦法。一個人却另有一個方面——符號的世界——可以活動。他不但遭遇到種種經驗，並且用符號向自己表示自己的經驗。當我們心裡激動，尤其是極不快活的時候，祇要能將不樂意的事情道破了，對一個眞正的或虛構的能同情的朋友，或是甚至對自己，說出來或寫出來，就能感覺好受得多。倘如我們所用的符號是恰當的，而且足夠技巧的話，我們激盪的情緒就可以象徵地控制了。要想控制感情，我們可以用坎乃斯·勃克所說的「象徵的戰略」（Symbolic strategies）——那就是用種種方法，將我們的經驗重新分類，使他們變得「包圍」起來，容易忍受些。當某種情境給予我們忍受不了的壓力時，我們都可以用符號來發洩情緒，求得安慰，無論是「傾訴衷情」，「象徵的戰略」或是別的辦法，都能收同樣的效果。

我們都知道語言是社會性的，每一個說話的人，都可能會有些聽衆。因此，能減輕說者激盪的情緒的話，聽者聽了也可能會感覺舒服些，假若他們恰好也有同樣激盪的情緒。顯然地，即使生活在不同時代和不同文化裏的人，仍然能有許多相似的經驗。我們的科學已可說進展到原子時代了，我們所處的環境要比以前緊張複雜得多，但是人類思想的情緒，古今中外都顯然地沒有很大的差別。唐朝李白的名句：「床前明月光，疑是地上霜，舉頭望明月，低頭思故鄉。」和王維的詩：「君自故鄉來，應知故鄉事，來日綺窗前，寒梅着花未。」到現在還是一樣地感動人。英國名曲「甜蜜的家庭」也是中國人最愛唱的歌曲之一。此外，宋朝岳飛的滿江紅：「怒髮衝冠，憑欄處，瀟瀟雨歇。抬望眼，仰天長嘯，壯懷激烈。三十功名塵與土，八千里路雲和月，……待從頭收拾舊山河，朝天闕。」雖然是一首古代的愛國詩詞，可是譜了曲調後，抗日戰爭時在大後方仍是十分膾炙人口。

常常有人說，詩歌是幫助人維持心理健康的工具。坎乃斯·勃克並稱他為「生活的準備」。我們似乎可以將這些話認眞地考查一番，研究出它們多方面的含義。譬如說，在每天都面對着連續不斷的，各種大大小小的困難和激盪的情緒這種情形下，有那幾種是我們要想用來充實自己的象徵手段呢？

## 幾種「象徵戰略」

第一個當然是所謂藉了文學「逃避現實」——這是文學、詩歌、戲劇、連環圖畫和其他感動性的語言方式，一個很大的源流。「泰山」小說的作者柏羅司生病在床，却將自己想像成泰山，跋涉叢林，屢歷奇險，勝利而歸。用這種象徵的補償辦法，他忍受住了許多年的疾病，也使千百萬渺小、失望和病弱的讀者對於生命能夠忍受得住。無論我們對泰山故事的作者和讀者如何想法，我們應當注意，要想在講或者聽這些故事時得到安慰，忘却痛苦和煩惱，就必需要有象徵的過程和人類的神經系統才行。

讓我們再看另外一種象徵戰略。當一個惱怒或不滿的下屬說他的上司「簡直是專制的魔王」時，他不是在用一個簡單的「戰略」，將一個無足輕重的小暴君誇大成一個專制魔王，以便駡他一頓，出一口心中的惡氣嗎？中國舊小說裏，常常有某人作惡或不孝，死後在陰間受苦或變為猪狗的故事，可不是也因為作者沒有別的辦法，懲罰自己憎惡的人，所以只好這樣地出氣嗎？這兩種方法雖然不同，但是在事實上豈非殊途同歸，同樣地用象徵的方法尋求發洩，使得激盪的情緒鎭定下來嗎？

再擧一個例子。淸朝吳敬梓眼見一般讀書人無恥無行的情形，非常不滿。他當時可以置之不理，獨自埋首寫作神怪小說或香艷詩詞，以求忘懷，逃避現實，或者用另一個象徵的方法，來說明這些現象都是天命，無關宏旨，將來發展悉聽神意。很多宗教和作家都是採用這一戰略的。另外一個辦法就是積極地改進社會情況，使得那些觸目的情形不再如此刺眼。可是要這樣做，就非得是政府大官，至少也要是受人敬仰的名流才行。因此，吳敬梓祇得把他不滿意的情緒社會化起來（Socialize his discontent）——傳給別人。這樣他一方面能自己出一口氣，一方面也可以引起別人注意，以求得到移風易俗之效。他的儒林外史所以成爲著名的小說，對於警惕無行的文人，也很起了一番作用。

任何一個人，祇要不斷地經歷許多激盪的情緒，而且不安的狀態日益加深，就可能或多或少地陷入心理失調的狀態。這一點大家都知道得很淸楚。從現代心理學上講來，適應環境這個過程，並不是一種怡然自得、不聞不問、不顧世事、靜止的樂趣。它是一種富於動力、逐時逐刻變更的過程，不但包括改變自己的感情以適應環境，並且還包括改變目前的環境以適應自己的個性。達到和維持適應狀態的方法越多，這過程也就越加成功。文學似乎是現成的方法之一。

欣賞和創作詩歌和文學，都是人類在維持適應狀態，爲生活作準備的日常過程中所運用的象徵方式。它們似乎是我們適應環境的機能超過我們和較低級動物所共有的生物條件的表示。倘若有人碌碌終生，想發現鹽水的化學成份，而不顧及任何初級化學書上對這題目的講法，我們就會說，他沒有能充份利用我們的符號制度給予我們的資料。同樣地，對於因個人願望不能達到而愁得生病，或是因爲小的刺激和過份不安的心境而終日煩惱，不能從文學或其他藝術尋求內心的力量和寧靜的人，我們不是也可以說，他們對於人類的適應環境的資料，祇利用了很小的一部份嗎？

簡括地說，不論好的壞的，粗製濫造的或字字璣珠的詩歌（其他的藝術也是一樣），所以能夠存在，是因爲它能爲一種運用符號的動物，完成一種運用必須的生理作用，那也就是幫助我們維持精神上的健康和平衡。

## 生存的準備

許多心理分析學家，都認爲沒有辦法將「心理健全」和「心理不健全」的人斷然分爲兩類。「心理健全」祇是一個程度問題。一切「健全」的人，都可以按照他們遇到的經驗，以及他們對付那些經驗時內心的力量和伸縮能力，變得更健全或不健全些。就像一個人的體格健康要靠食物和運動維持一樣，他的心理健康似乎也在生活中隨時從感動性的符號裏取得營養：使我們認識人生新樂趣的文學，使我們覺得天下不乏同病相憐者的文學；使我們能對自己的問題有一個新看法的文學；使我們想到新的可能，爲我們展開可能的新經驗領域的文學；貢獻給我們各種「象徵戰略」，讓我們可以「包圍」自己的現狀的文學……這種種都是我們的精神食糧。

從這樣的一個觀點看來，有幾種文學就像有幾種加過工製成的食品一樣，可以說是看來像很營養，但是並不含任何一種主要的維他命，儘管大量地吃下去，對於精神上的營養，還是毫無作用。（在這裏，「主要的維他命」可以當作代表人類經驗裡眞正「地域」的「地圖」，又確實又有用的指示等等意思。）有些流行小說，自己標榜說能闡明某些人生問題，但事實上却像所謂「萬靈藥」一樣，祇能使表面上的癥兆減輕一些，對於病根却絲毫不顧。此外還有幾種小說，能使人暫時逃避痛苦，就像麻醉藥和酒一樣，對於病根一些也不起作用，因此你用得越多，就越感需要它。這種麻醉性的藥品倘若用得太多，可以加重「狂幻生活」的現象，進而形成精神病。還有其他種類的小說、電影、無線電廣播故事等等，將世界形容成一幅虛假美觀的圖畫，可以不用費力氣，就能適應。可是習慣於這個虛幻世界的讀者，對於我們現實的世界，反會自然而然地逐漸失去適應的能力。

我們承認，上面這些例子都是說得過份簡單。倘若我們把文學可以幫助維持精神健康這條原則，應用得太粗率隨便，可能會造成不幸的結果。有些人一看到這條原則，就很可能立刻會聯想到，倘若文學是一種維持心理健康的工具，那麼許多心理上不十分健全的天才的作品，應該看做是不健康的文學，擯棄不要。相反地，有些心理上異常不寧的作者，就像中國的屈原，英國的雪萊等，所發明出來用以「包圍」自己的情境的「象徵戰略」，可以說是價值極高。他們製出強有力的藥劑，來對付自己的病症。假使我們現在正忍受着同樣的痛苦，這些藥劑可以幫助我們解決問題，並且它們還可以有抗毒素的作用，使我們將來萬一有這種痛苦時，能有個心理上的準備。

還有，當我們稱一件文學作品爲「萬古不朽」，「價值久長」或「偉大」的時候，我們可不就是說，那個作者用來解決他的煩惱（取得他的平衡）的象徵戰略，對於在別的時代，別的地點，忍受着不同的煩惱情形的人，一樣地有效嗎？西廂記裏送行那一段：

「青山隔送行，疏林不做美，淡烟暮靄相遮蔽，夕陽古道無人語，禾黍秋風聽馬嘶，我爲什麼懶上車兒裡，來時甚急，去後何遲？

「四圍山色中，一鞭殘照裡。遍人間煩惱塡胸臆。量這些大小車兒，如何載得起！」

描寫古代中國男女別離的哀怨，固然十分確切，可是對於別的地方，別的時候愛侶的心境，是不是一樣的妥貼？一個能描寫出任何時期，任何情況下都不變的感情的作品，可不就是有「世界性」，「萬古不朽」的嗎？假若一本小說或一首詩中描寫的社會情形，已經完全改變，無法再引起那一種動蕩的心理，作品中提出的象徵戰略也已經不再適用了，我們是不是會認爲那些作品已經「過時」，沒有價值了呢？

對於文學和人生的關係，我們現在所有的科學知識還很少。然而雖然祇是一鱗半爪地的知識，我們却都覺得對於兩者的關係略有所知，因爲我們都曾有一個時期，受過某種文學的影響。譬如說，倘若有人專門看電影、讀劍俠小說、言情小說、連環圖畫等，其中的故事可能會產生不良的影響，這一點雖然不一定能證實，但是大多數人都曾感覺到過。不過一談到比較具體的問題，就像劍俠小說和連環圖畫該不該禁止或不讓小孩看呢？大家就都摸不到頭腦了。有的說劍俠小說和連環圖畫給兒童的想像力不良的刺激，吸引他們犯罪。有的說犯罪的兒童本來就是心理上有問題的兒童，看不看這些書籍都要犯罪，劍俠小說或連環圖畫反倒能間接滿足正常小孩愛打架的性情，使他們變得安靜些。你說一句，我說一句，毫無標準。這就證明我們對於文學和社會的關係，知道得多麼少。

話雖如此，假若研究文學或心理學的人，能從心理健康的觀點，來研究文藝和人類行爲的關係。他們將來有沒有可能指出來：爲了要維持日常心理健康，那幾種文學作品能幫助人心理上早些成熟，那幾種文學會使我們永遠糊裡糊塗，像小孩一樣地心理上不成熟呢？

## 藝術象徵秩序（Art as Order）

在我們寫作和閱讀文學的樂趣中，另外至少還有一個重要的成份，但是對於這一點，合用的科學知識就更少了。這是關涉到一篇文藝作品的所謂藝術或美學價值的問題。

在第八章裏，我們曾經以小說爲例子，談到文學作品中各個支節和人物間相互的關係——那就是說，將經驗安排成一個有意義的順序，使一篇小說讀起來和一篇雜亂無章的敍事文不同。在稱呼一篇敍事文爲「小說，」爲「藝術作品」之前，無論我們能不能「生活在故事中，」把自己想像做其中的角色，我們都一定先要能放心知道，故事中的情節是依照某種次序安排的。卽使我們不喜歡那故事，祇要是能找到一個雖然複雜，却是清楚地看得出來，而且很有趣的次序，我們就能說：「這篇小說無疑地結構得非常好。」事實上，一個故事內部的次序，和各部份相互間適切的關係，有時候會給人如此深的一個印像，以致我們卽使不同情它所描寫的故事或人物，也一樣地會欣賞它。爲什麼幾乎祇需要次序本身，就能引起興趣呢？

作者認爲假若這個問題能找到一個答案，那個答案就必須到人類的象徵過程，和人類的神經系，能夠不斷地替符號製造符號，又替符號的符號製造符號……這件事實裏去找尋。這件事實，在第二章裡已經講過，在第十章裡還要進一步討論，在這裡我們要給它一種特別的用法，以便幫助我們了解文學的功用。

我們上面已經看到，動物們生存在外向的世界裡，談不到什麼象徵的世界。實際事件怎樣影響牠們的生活，牠們就依照那種次序生活，此外就談不到別的次序。可是人類不但在外向的階層上生活，並且還在象徵的階層上用語言或者——倘若他們是畫家、音樂家、舞蹈家的話——非語言的符號對自己討論自己的生活。一個人並不是祇要能有外向的生活就滿足了，他往往忍不住要自言自語，談論他所看到、覺得和做過了的事。

然而我們一談到人生經驗的資料，就覺得它們充滿了矛盾。張太太愛她的孩子，可是爲了溺愛他們，反把他們給寵壞了。中國鄉下有許多農夫，一個字都不識，可是在克己處世之道上，比大城市裡受過教育的人似乎都聰明些。人人說做惡事必有惡報，可是有時壞人會十分成功。一個天性是學者和詩人的青年，會爲了政治上的理由，覺得非去掉某某人或階級不可。一個結婚了二十年，非常忠實的太太，會表面上看來無緣無故地遺棄了她的丈夫。一個從來做不出好事的人，到了危急關頭忽然會勇敢萬分　無數這樣的矛盾，我們會在生活中不時遇到。所以我們談到自己的經驗的話時，也多半是毫無次序，毫無聯繫的；不但不連貫，並且難以利用。

對於感覺到這些矛盾的人，我們談生活經驗的話缺少系統這件事的本身，就是情緒激盪的一個來源。這種矛盾是並不能給我們任何行爲上的指導的，因此它們祇使我們猶疑不決，無所適從。除非我們對着自己談論自己的話（用符號代表自己的符號），將「一切湊合起來，」使得它們看來不再是「沒有意思」的樣子。這些不安的情緒，是無法可以鎭定下來的。宗敎、哲學、科學和藝術用的方法固然不同，却同樣地是根據了談論自己的話，談論關於談論自己的話……的方式，來解決由於我們經驗資料有矛盾而產生的激盪的情緒，一直到這些資料建立起一種秩序爲止。

談論事物，談論談論，談論談論談論……這就是我們後面將要提起的，各種不同抽象階層的談論。我們所謂「了解」，事實上似乎就是要使世界給我們的印象，能有一個次序。當我們說一個科學家「了解」某件東西時，我們可不就是說，他已經將在他客觀的、描述的、和推理性重些的抽象階層上觀察所得的結果，整理成一個能應用的系統，總結爲幾條有力的原則，使各個抽象階層相互間都發生聯繫？當我們說一個偉大的宗敎領袖或哲學家「了解」人生時，我們可不是說他把觀察所得，整理成一套見解，用非常普通而有力的指示表現出來？當我們稱一位小說家「了解」任何一部份或全部人類的生活時，他可不是也把他在許多不同抽象階層上觀察所得的結果——特殊的、具體的、普通的和更普遍的——按次序整理起來了嗎？（「抽象階層」這個名詞，在下面第十章裡有更充份的解釋。）但是一個小說家，不用由非常抽象的結論形成的科學、倫理或哲學系統，來描寫他個人看到的秩序，而是用富於描寫意味的報告情感的語言，使讀者能得到一套象徵的經驗，設身處地，發生同情。在任何一位勝任的小說家的作品裡，這些象徵的經驗都被組織起來，排列成一套協調的態度——輕蔑、憐憫、頌贊別人英勇，對被壓迫者的同情，或是失望的、無能爲力的感覺，隨他當時的情緒而定。

在寫作上，有些組織一套經驗的方法，完全是機械化而且表面的。那些就是關於小說、戲劇、短篇小說、十四行詩等，應該怎樣結構的「法則。」但是比較重要的，是那本文學作品的內容，也可以說是作者想要組織的經驗，本身所暗示的組織方法。倘若一個故事的內容，和普通小說裏的傳統格式並不相合，那小說家也許會創出一個完全不同的、比傳統格式更適合於傳達他經驗的形式來。在這種情形下，批評家就稱那內容爲「創造出了自己的形式」。一首詩、一本小說、或者一個劇本，最後怎樣會以某種形式出現，那是文學技術批評家的事。一個文學技術批評家的責任，就是要研究主觀和客觀的條件怎樣互相影響，而最後將手頭的材料，做成一個「藝術作品」。

把自己的經驗用適當的符號表達出來，再把它們整理成一個首尾一貫的整體，是一件綜合性的行動。一個偉大的小說家、戲劇家或詩人，就是一個將許多廣泛的人生經驗，完美地綜合起來，使它們有一種秩序的人。因此一個偉大的文學家，必須對人生的各種經驗，知道得很多，而且有極強的能力，能把那些經驗有意義地整理起來才行。這就是爲什麼一個文藝創作家，得經過永遠不斷地鍾鍊，因爲不論人生的經驗（需要整理的材料）和寫作的技術（整理的方法），都是永遠學不完的。

從讀者的觀點看來，語言有社會性這一事實，又成了一個主要的中心原則。作家藉着語言，把他的經驗和態度整理出來，因此在讀者的心中起了作用，使讀者也能把他個人的經驗和態度，略事整頓一下。經過了這番整頓以後，讀者的內心可以變得略微整齊些了。這就是藝術的目的。

# 第二編　語言和思想

科學家用來思索專門問題的術語……已經引起了很多人重視……可是日常語言中的俗語，以及一般人用來思索道德、政治、宗教、心理學問題的文學和哲學的習語——這些却都很奇怪地受人忽視。我們一提到「不過是篇言辭而已」的時候，口氣裏就含有言辭是不值得嚴肅的人注意的意思。

這是一個十分不幸的態度，因為事實上，言辭在人生中佔了極重大的地位，值得我們細心地研究。我們從前認為語言具有不可思議的魔力，那是錯誤的。可是那種錯誤是因為曲歪一個非常重要的真理而起。言辭確實有魔術的作用——不過和魔術家想像的方式不同，而且對於魔術家想要影響的人物，並不一定能生效力。言辭所以能有不可思議的魔力，是因為它們能影響用言辭的人的心理。當我們用輕蔑的口吻說：「不過是篇言辭而已」的時候，我們忘了言辭有形成人類的思想，調節他們的感情，指導他們的意志和行動的能力。我們的行為和個性，大半是由於我們現在討論自身和四週的世界時所用的言辭的性質如何，而決定的。

——亞爾多斯・赫胥黎：「言辭和它們的意義」

# 第十章　我們是怎樣得到知識的？

研究語言的行動（Language behavior）時，應該考慮的中心問題是語言和現實，言辭和非言辭的關係。除非我們能了解這個關係，我們就會有勉强解釋言辭和事實間微妙的關係，胡言亂語，因而為自己創造一個幻想和虛構的宇宙的嚴重危機。

——溫台爾・約翰森

## 母牛「阿花」

宇宙不停地在變遷着，星球經常地轉動、長大、冷凝、爆裂。地球本身就不是沒有變遷的：山嶺受侵蝕，河流變更路線，山谷日漸加深。一切生命都是一個變遷的過程，從產生、長大到衰敗，以至死亡。甚至我們所謂「靜止」的物件——桌、椅、石頭——據我們現在所知，都並不眞是靜止的，因爲它們都是連用顯微鏡也看不出來的轉動着的電子做成的。假使一張桌子，今天看來和昨天或一百年前差不多，那並不是因爲它不曾變，而是因爲變動太小了，我們粗笨的感官覺察不出來。在現代科學裡，事實上就沒有「固體」這回事。倘若物質看來好像是「固體」，那祇不過因爲它的轉動不是太迅速，便是太微少了，我們感覺不到。它所以是「固體」就像一張有顏色的圖畫，在轉動得極快時，成爲「白」色，和一個「陀螺」，轉旋得急速時，像是站住了一樣。我們的感官能力極爲有限，所以我們必需經常地用顯微鏡、望遠鏡、速率計、聽診器、地震計等儀器來發現和記載我們感官不能直接記錄下來的事情。我們所以湊巧能看得到，覺得到某些事情，而看不到，覺不到另外一些事情，是受了我們神經系特徵的限制。有些景象，我們的肉眼不能看見；有些聲音，我們的耳朵不能聽到，用過聲音極高的喚狗口哨（按這種口哨，聲音太高了，人的耳朵不能聽到，狗却聽得清楚），兒童都知道這一點。因此，倘若我們幻想自己曾經發覺到過任何事物的「眞相」，那才荒謬可笑呢。

我們的感官雖然不夠用，可是有了儀器的幫忙後，也能告訴我們許多事體。自從用顯微鏡發現了細微的有機體後，我們對於細菌，就能稍稍控制一些。我們對無線電波既看不見，聽不到，又感覺不到，但是我們能夠創造和更變它們，使它們成爲有用。在工程、化學和醫學上，我們征服自然的種種成就，多半是靠着應用各種機械，增進神經系的效能得來。在現代的生活裏，倘若單靠感官，世界上的事情至少要有一半應付不了。

現在讓我們轉回來討論言辭和它們所代表的事物間的關係吧。假定說，現在有一隻母牛「阿花」站在我的前面。阿花是一個活着的有機體，不斷地變動，不斷地吸收食物和空氣，消化了它們後，又排洩出去。牠的血在流動，牠的神經在發佈命令。在顯微鏡下看，牠是一堆各式各樣的血球，細胞或細微的有機體。從現代物理的眼光看來，牠是一堆堆永遠在舞蹈着的電子。可是整個的阿花，究竟是一件什麼樣的東西呢？我們却永遠不能知道。卽使我們在某一刹那，能夠說出牠是什麼東西，到下一刹那，牠又會變更，我們的描寫就又不正確了。要想能完全說清楚，阿花或另外任何一件東西，究竟是什麼，簡直是不可能的事。阿花不是一個靜止的「物件」，牠是一個動的過程。

我們經驗裏的阿花，可又是另外一樣東西了。對於整個的阿花，我們祇能感到一小部份：牠外表的明暗，動作大略的形狀、聲音、和她與我們接觸時，給與我們的感覺。由於我們以往的經驗，我們注意到它和別的，我們從前稱爲「母牛」的動物，有種種相似之處。

## 抽選的過程（The Process of Abstracting）

因此，我們經驗裏的「物件」，並不是「東西的本身」，而是我們神經系（雖然缺點很多）和神經系以外的東西，互相起的作用。阿花是獨一無二的——在宇宙間沒有另外一件東西和牠在各方面都完全一樣。可是我們的神經系自動地抽出，或者抽去，它和別的在大小、效能、習慣上類似的動物，種種相像之處，而把牠歸於「母牛」一類。

所以，當我們說「阿花是母牛的時候」，我們祇注意到這個在變動中的阿花和別的母牛的相似處，而忽視牠們間的差別。不但如此，我們又跳過了很大的一段，從那個活動，瞬息萬變，在電子學，化學和神經學上講來，都是轉動不息的阿花，直跳到一個比較靜止的「概念」，「觀念」，或者「母牛」這個名詞。讀者請參閱一三〇頁「抽象楷梯」的圖表。

抽象的階梯　　(Abstraction Ladder)

（自下向上讀）

8.「財富」

8. 「財富」這字，處在最高的抽象階層上。阿花的特性，差不多完全不提了。

7.「資産」

7. 當我們稱阿花為資産時，它的特性又有好些被略去了。

6.「農莊財産」

6. 當我們把阿花附屬於「農莊資産」內時，我們祇顧到牠和農莊上別的可售的的物件相同之點。

5.「家畜」

5. 當我們稱阿花為「家畜」時，我們祇管到牠和豬、雞、山羊等相同之點。

4.「母牛」

4. 「母牛」這字，代表從母牛1，母牛2，母牛3……母牛未知數中抽出來的共同特徵。每一隻母牛特別的性質都不問了。

3.「阿花」

3. 「阿花」（母牛1）這字，是我們給在第二階層上察覺到的那物件起的「名字」，這名字並不就是那物件本身，它祇是代表那物件而已，那物件的許多特性都略去不談了。

2.

2. 我們察覺到的母牛，這一個不是空洞的字，而是眞的經驗到物件，那就是我們的神經系，從那變動的過程——母牛——的全部中抽出（選出）一些造成的。那個過程——母牛——有許多特性都刪去不提了。

1.科學上知道的母牛，照今日的科學知識推測，最後包括原子，電子等等。小圓圈代表特性在這個階層存在，它們是數不清，變化不息的。這是過程的階層。

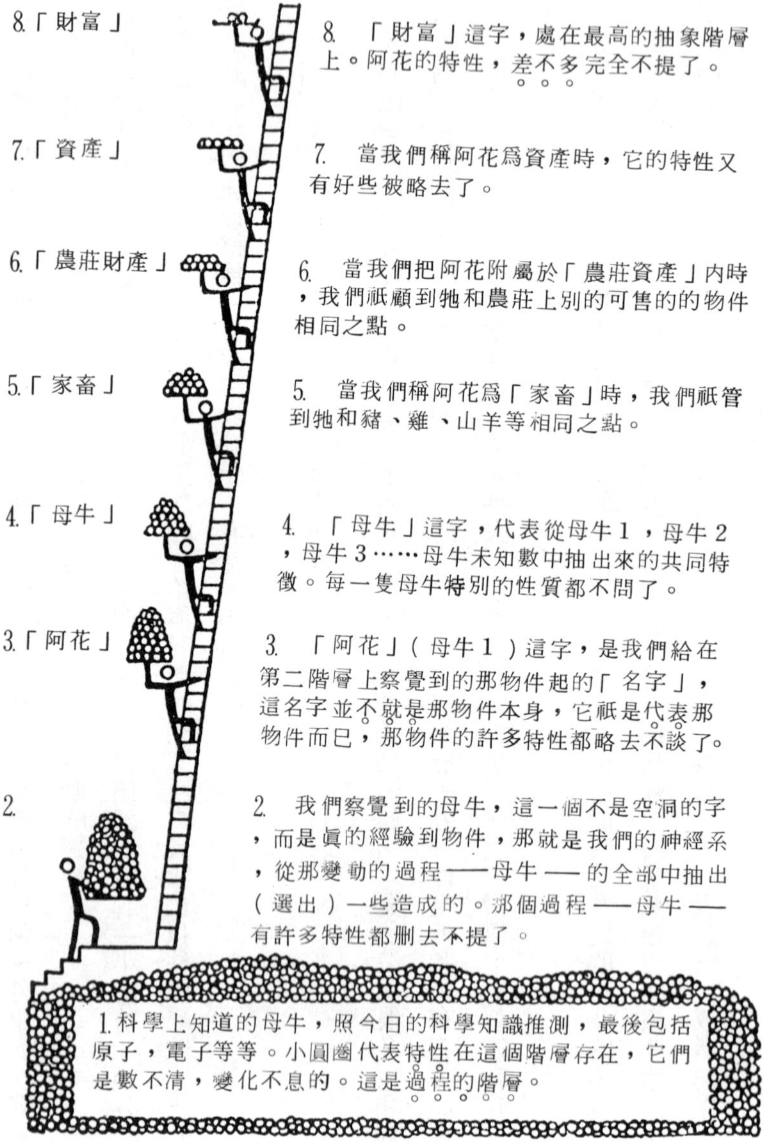

在這張圖表上，我們肉眼看見的「物件」佔了最低的抽象階層，可是它仍然是抽象的，因爲它並不包括眞的阿花——變動過程——的特徵。「阿花」（母牛1）這個名詞是語言上最低的抽象階層，因爲它祇抽出了共同點，把別的特徵——昨天的阿花和今天的阿花間的不同，今天的阿花和明天的阿花間的不同——都不管了。母牛這個字，祇顧到阿花（母牛1），阿黃（母牛2），小花（母牛3）……間的共同點，對這阿花本身，漏掉得更多了。「家畜」這字祇抽出或選出阿花和猪、雞、山羊、家羊相同的地方。「田莊的資產」這個名詞，祇顧到阿花和倉庫、籬笆、家畜、傢具等相同之點，因此所佔的抽象階層就很高了。

我們所以要注意抽選的過程，是因爲把研究語言，當做祇是考查讀音、拼法、字彙、文法、和句子結構的人，實在太多了。許多人以爲研究語言的方法，就是只要專門集中注意於語言本身，對於這個錯誤的觀點，舊式的學校制度裏教授作文和演講術的方式，似乎要負很大的責任。

但是從日常經驗裏，我們知道學習語言不僅是學會一些字而已。學習語言就是要將字和它們代表的事物，正確地聯繫起來。我們所以能學會一種運動裏用的語言，就靠着親自參加或觀看這種運動，細心研究發生的事實。一個小孩並不祇要學會講「餅」或「狗」就算數了，他必需能根據它們和眞正的餅或狗的關係，正確地應用它們，我們才能承認他學會了說話。溫德爾・約翰蓀講過：「研究語言，應該從語言的目的開始。」

我們一開始注意語言眞正的作用後，就得立刻考慮人類的神經系怎樣工作的問題了。當我們用同一個「狗」字，稱呼各種大小、形狀、外表和行爲不同的生物——哈叭狗，狼狗，獵狗——的時候，我們的神經系顯然已經下過一番功夫，把他們的共同點抽選出來，暫時不問他們間的差別。

## 我們爲什麼必須抽選

抽選、刪去特性的過程，是一個不可少的簡捷方法。另外再用一個例子解釋吧。譬如說，我們住在一個孤零零的鄉村裏，祇有四戶人家，每家自己有一所房子。甲的房子叫「天」，乙的叫「地」，丙的叫「玄」，丁的叫「黃」。在平常村裏普通的來往上，這四個名詞很夠用了。可是有一天，大家要討論建造一座新屋子了，讓我們說是一所多餘的屋子吧。我們不能再用「天」、「地」、「玄」、「黃」中任何一個字來代表這座計劃中的房子，因爲它們每一個字都已代表一座固定的房子了。我們必須在一個高些的抽象階層上，找一個有普遍性的名字，用來代表「和『天』、『地』、『玄』、『黃』有某些相同之處，而並不屬於甲乙丙或丁的一件東西」。但是這句話太複雜，不能每次都這樣講，非得發明一種簡略的說法才行，於是我們就採用「房子」這聲音了。我們的字就是從這種需要產生出來的，它們都是一種簡寫。發明一個新的抽象階層，是一個很大的進步，因爲它使我們間能夠大家討論起來。——譬如在這個情形下，它不但使我們能討論第五座房屋，並且在將來再要造房子，或在旅行和夢中看見了房子時，都可以說得出來。

一個拍攝教育電影的人，有一次向作者提起，他認爲拍攝「工作」是一件不可能的事。你可以拍老張用鋤頭掘馬鈴薯，老陳給車身抹油，老王粉刷倉庫，可是你不能拍攝「工作」本身。因爲「工作」也是一個簡捷的名字。在高一些的抽象階層上，代表許多種不同的活動，（從洗碟子到航海，開廣告公司，統治國家，）大家都有的一個共同特性。

## 定義

剛巧和一般人的想法相反，定義對於一般事物，一些也不能說明什麼東西。它們祇能描寫大家的言語習慣，那就是說，它們祇能告訴我們在什麼情況下，大家會發出什麼聲音，我們應該把定義當作關於語言的話。

「房子」，這是一個在較高一等的抽象階層上的名詞，能用來代替一個比較累贅的辭句：「一種和小孫的平房，阿華的草舍，李太太的客棧，梁醫生的大樓……都有共同點的東西。」

「紅」，是從紅寶石，玫瑰花，熟蕃茄，知更鳥的胸部，生的牛肉，以及唇膏裏選出來的一個共同點，這個字就表示那種抽象的性質。

「袋鼠」，動物學家所謂：「草食，哺乳類，族，有袋動物，」普通人就叫袋鼠。

我們現在可以看到，這裡舉出的「房子」和「紅」的定義，都是沿着抽象梯階向下（見圖），指着下面的抽象階層的。「袋鼠」的定義，卻留在原來的階層上。那就是說，談到「房子」，倘若必要，我們還能跑去看小孫的平房，阿華的草舍，李太太的客棧，梁醫生的大樓，自己設法了解，它們有什麼相同的地方。這樣一來，我們也許都會開始了解，「房子」這個字是在什麼情形下才能應用的。但是關於袋鼠，從上面的定義裡，我們祇能知道一點：有人是這樣講的，有人是那樣講的。那就是說，在下定義時，倘若我們停留在原來的階層上，就等於沒有告訴人，除非聽者或讀者對於用在定義裡的字，已經相當熟悉，自己能沿着抽象梯階追溯下去。為了節省篇幅，在許多情形下，一般字典都得假設，讀者對於定義裡所用的語言已經是很熟悉了。但是如果這個假設沒有充份的根據，同一抽象階層上的定義，比無用都還不如。用小的袖珍字典查「匪」字，解釋是「強盜」；再查「強盜」，解釋又是「匪」。

可是沿着抽象梯階向上，指向高級的抽象階層的定義，就更沒有用了。——這種定義，多半的人常常會不自禁地講出來的。對於一個沒有存心的朋友，你不妨試試下面這一手：

「『紅』字是什麼意思？」

「一種顏色。」

「什麼是顏色？」

「唉，那是許多東西的一種性質呀！」

「什麼是性質？」

「喂！你究竟是在幹什麼？」

你把他眞抬上了雲霄，弄得他昏頭昏腦。

相反的，若在有人來問我們一個字意思的時候，我們能有沿着抽象梯階向下，降落到低些的抽象階層的習慣，在語言裏轉來轉去，找不到方向的可能，也會比較少些，而且還會有「脚踏實地」，言之有物的傾向。有這個習慣的人，會得這樣回答別人的：

「『紅』字是什麼意思？」

「好，下次你看見好些汽車停在十字路口，注意看對着它們的燈光。還有，你可以到救火會去看他們的卡車，是漆成什麼顏色的。」

## 讓我們把自己用的名詞解釋清楚

我們對於定義所抱的不合實際（而且歸根結底是迷信）的態度，可以在學校裡常常聽到的主張：「讓我們把自己用的名詞，解釋清楚，以便大家都能知道我們究竟在講些什麼，」那裏得到一個十分普遍的例子。我們在第四章裡已經看到過，倘若有一個踢足球的人，不能解釋足球賽中的名詞，那並不是指他不能了解，或者不能用這些名詞。相反地，一個能給許多字下定義的人，並不一定知道，在具體的情況裏，這些字代表什麼物件，什麼動作。一般人往往相信，祇要替一個字下了定義，大家間就已經建立起某種程度的了解了。用來下定義的字，往往會比它們所解釋的字，意思更爲混亂，更不清楚，這件事實却沒有人過問。倘若我們湊巧發現了這件事，而把用來下定義的字解釋一番，以謀補救，然後，發現了自己仍然還是弄不清楚後，就又將解釋定義的字再解釋一番，這樣下去，我們就會陷入無望的糾紛中了。要避免這種糾紛，唯一的辦法是越少用定義越好，隨時隨地指着外向的階層，——也就是說，無論寫作、說話，我們都該引用具體而明白的例子，來證明自己講的是什麼。

像「蘋果餅」這樣一個名詞，無論我們用什麼字來解釋，最後總歸是解釋不清楚的，非得親自觀看嚐試一下眞的蘋果餅的味道不可。對於比較抽象的字，也是同樣的情形。倘若我們從來沒有體驗過愛情，倘若我們對於道德原則從來沒有強烈的感情，或者在看到一個道德原則實行了後，感到十分快慰，我們可以永遠不斷地給「愛情」和「公正」下定義，直到世界末日，而仍然不知道它們究竟是什麼意思的。

## 在字眼裏兜圈子

換一句話說，我們應該十分注意防範的思想，就是那種永遠離不開高的抽象階層，永遠不能指向抽象梯階下面低的階層，由此轉到外向世界的思想：

「你所謂民主是什麼意思？」

「民主就是衞護人權。」

「權利是什麼意思呢？」

「我所謂的權利，就是天賦給每一個人的特權，也就是說，人類生來就有的特權。」

「就像？」

「譬如說自由。」

「自由是什麼意思？」

「宗教和政治的自由。」

「那又是什麼意思呢？」

「我們做事作風民主，就有宗教和政治上的自由。」

我們當然也可以對於民主，談論有意義的話，可是上面那樣一個例子，實在不行。一般在說話時從來離不開較高抽象階層的人們，不但犯了分辨不出他們什麼時候在說有道理的話，什麼時候是在胡言亂語的毛病，而且他們在聽衆的心裡，也造成了同樣缺乏辨別能力的現象。他們從來不切切實實地說話，祇是在字眼裡兜轉圈子，一些也不注意到，他們雖然嚷了大半天，一點也沒有說出什麼來。

這並不是說，我們必須永遠不講在外向觀點上毫無意思的話。當我們發號施令，討論將來，致儀式性的言辭，說一套客套話，或者參加社交談話時，我們所講的一切，常是在外向世界裡不能證實的。我們決不能忽視我們最高的理論和想像能力，都是從我們所用的符號不受它們代表的東西的牽制而來的。因爲有這樣的情形，所以我們不但能從低的抽象階層，很自由很快地升到非常高的抽象階層，（從「米」到「食物」，到「農產品」，到「國民財富」），而且能在符號們所代表的事物並不眞個實現——（倘若我們把全國的貨車，首尾鈎結起來，成一直線）——的情形下，隨心所欲地運用符號。

此外我們並且有自由隨便創造符號，即使它們衹代表從別的抽象概念中間接得來的抽象概念，與現實不發生直接關係，也不要緊。譬如說，數學家常常要弄沒有實際內容的符號，看看結果如何，這就叫做「純粹數學」。「純粹數學」遠非無用的娛樂可比，因爲好些數學制度，在演化時並沒有人想到實際用途，到了後來，却往往會證明有意想不到的用處。可是在處理全無外向意義的符號時，多半的數學家都曉得自己在做什麼事情的。我們也必須知道了自己在做什麼事情。

然而，當我們說日常生活中的語言的時候，大家（包括數學家在內）都亂嚷一陣，自己也不知道在做什麼。抽象梯階的主要用處，就是要使我們注意到抽選的過程，這一點我們在本章和下章裏都可以看出來。

## 對抽象名詞的猜疑的心理

用了抽象梯階，我們可以將所說的話，所用的字，一一排在不同的抽象階層上。「張太太燒餅做得好，」可以看作是一句抽象階層相當低的話，雖然它無疑地略去了下面這許多特性，例如說：（一）所謂燒餅「好」，這「好」字究竟有什麼意思？（二）偶然也有幾次，她的燒餅並不成功。「張太太烹飪手段高明」，抽象階層就高了一層了。因爲它不但包括張太太做燒餅的本領，並且包括她炒菜，做醬菜，煮麵的本領，不過沒有特別提出她能做那一樣。「蘇州太太烹飪的手段都很好。」就是更上一級了。倘若我們說這樣的話，就得吃過好幾位蘇州太太燒的菜。「中國的烹飪術，地位極高。」就屬於更高的抽象階層了，因爲我們萬一要說這句話，就不但得吃過上海、漢口、長沙、廣州、北平、蘭州和重慶各地家庭、旅館和菜館的菜，並且還得知道其他有關的事實，例如中國出版的關於烹飪的書籍，何等豐富優美等等。

現在流行着一種趨向，每逢說到「抽象名詞而已」，總表示輕視的態度，這固然可以了解，却也是個不幸的現象。沿着抽象梯階，一層層地上升，顯然是人類特有的能耐，沒有這種能耐，我們在哲學上和科學上的見解，就全部沒有可能。要有化學這樣一門科學，每次逢到氧化氫這名詞，我們必須能暫時不顧水是濕的，冰是硬的，露水像珍珠，以及氧化氫在現實世界裡其他的特徵，而祇管那化學方程式。「倫理學」要成一門學問，研究的人必須能想到，在不同的情形和文化裏，一般倫理的行爲有什麼共同點，他必須能從許多品行端正的人裏（無論是木匠、政客、商人、軍人等），找出他們行爲上的共同點，又從佛教、猶太教、儒教和基督教的行爲法則裡，找出他們教條上的共同點來。最抽象的思想，同時也可能是有最普遍的效用的思想。

然而高度抽象的名詞，已經得了一個壞的名譽，因爲常常有人有意或無意地，用它們來攪亂別人的思路，使他們想不清楚。幾個強國爭搶油礦，卻可能美其名爲「保護小國領土完整」。日本侵略東亞別的國家，却說是要建立「大東亞共榮圈」。現在蘇聯步希特勒之後塵，用軍事政治手段傾覆別國的政府，卻美其名曰「解放」。可是根據抽象的梯階看來，我們的一切知識都是抽象的。對於你自己坐着的椅子，你所知道的只是從那整體中得來的一個抽象概念。卽使你和你太太已經結婚了三十年，你對她所知道的，仍然只是一個抽象概念。不信任一切抽象名詞，是一句毫無意思的話。

所以試驗抽象名詞的標準，並不是它們抽象階層「高」或「低」，而是能不能從它們推引到低些的階層。倘若我們要談論「中國烹飪術」，我們說的話必須能推引抽象梯階的下面各級——一直到中國的飯店、酒店、保存食物的技術等詳細情形，以至張太太在厨房裡做菜的手段。倘若我們談到「香港的報紙」，我們必須能從香港的各種報紙——中文報、英文報、日報、晚報、大報、小報等——舉出例子。不論牧師、教授、新聞從業員、或是政客，只要他們說的話，能夠有系統地、確實地、推引到較低的抽象階層，他們就並不只是「空口說白話」，而是言之有理了。

## 停滯在某些抽象階層上（Dead-Level Abstracting）

美國愛渥華州之大學的溫德爾·約翰蓀教授，寫過一本書，稱做「無所適從的人」（People in Quandaries）。書中論及一個他叫做「停滯在某些抽象階層上」的現象。有些人似乎永遠或多或少地停滯在某種固定的抽象階層上，有些停在高的階層上，有些停在低的階層上。譬如說，有些人老是停滯在「低的抽象階層」上。

「我們大概都知道，有些人似乎能不斷地講來講去，而永遠得不到任何非常普遍的結論。例如說，有些聊天的人，可以講來講去祇是『他說』，『我說』，『她說』，『我說』，『他說』，最後歸結到『總之，我就是對他那麼講的。』許多學生假期中出去旅行，寫給家長朋友的信，也往往屬於這一類文字，充滿了我看到什麼地方，什麼時候到，什麼時候離開，吃了什麼東西，價錢如何，睡的床是軟是硬等種種瑣事。」

有幾種精神病人，照約翰蓀的說法，「抽選過程受到了普遍的阻碍」，也同樣患着不能升到高抽象階層的毛病。他們會把無關緊要的小事，一件件講個不休，却從來不會把它們搜集起來，做成一個結論，使那些事實能有一種意義。

還有別的談話的人，老是停留在較高的抽象階層上，和比較低些的階層很少，甚至完全不發生接觸。這種人的語言，老是虛無飄渺，不着邊際。約翰蓀說得好：

「含糊，曖昧，甚至完全沒有意思，是它的特徵。祇要把各種流行的通告小册子和不花錢得來的『新思想』雜誌等，積留下來，我們就能在短時間內，聚到相當大的一堆資料，可以用來作例子了。從圖書館書架上、報攤上或無線電節目裏，當然還有更多的材料。日常談話、教室裏的講辭、政治演講、畢業訓辭、以及各種座談會、討論會等，爲這種脫了纜的語言供給了另外一個豐富的泉源。（字旁的小圈係作者加的。）」

（作者最近聽到，美國中部某大學開了一門美學課程，整個學期專講藝術美和它的基本原則，即使有學生問起，教授先生也仍然堅持不肯說明，他的原則能應用到那一些畫、交響樂、雕刻和別的藝術品上。他常說：「我們的興趣是在原則，不在細目。」）

老是停滯在高的抽象階層上，也會引起心理不正常的現象，因爲倘若我們祇管亂畫地圖，不問實際地形如何，結果會不可避免地造成妄想。但是我們無論是停留在高的或低的階層上，結果都一樣會是，用約翰蓀的話說，無趣的：

「說低階層話的人使你失望，因爲他嚕嚕嗦嗦地告訴了你許多事，却一些不能告訴你，那許多消息知識有什麼用。說高階層話的人使你失望，因爲他說了半天，還說不出一個所以然……你失望了，又加上受了社交禮節（或教室規則）的限制，非得靜靜坐着，一直等到講話的人講完爲止。因此，除了夢想，懶懶地消耗時間，或者爽快地打瞌睡外，就沒有旁的事好做。」

顯然地，有趣的談話和寫作，以及清晰的思想和隨之而來的和諧心境，都需要上面和下面的抽象階層，語言和現實，不停地互相發生作用。在科學上，這種相互作用是經常進行着的，假設和觀察所得，預計和事實結果，要不斷地核對起來。好的小說家和詩人的作品，也表示出這種高的和低的抽象階層間經常不歇的相互作用。一個「意義深長的」小說或詩歌，在幫助讀者了解人生的一點上有高度的普遍性的效用，祇是作家能用他觀察及描寫實際社會情況和心理的能力，使他的結論變成十分有力，打入讀者心坎，使他們信服。一部文學作品中人們忘記不了的角色，譬如說，水滸傳裏的魯智深，紅樓夢裏的賈寶玉，當作具體的描寫看來，價值極多，因爲它們表現出了活生生的個人，同時它們也有普遍性的價值，因爲它們也表現出了「典型的」人物。一個偉大的政治領袖，也是能經常地在高的抽象階層和低的抽象階層間，來去自如的人。在各地替他「跑龍套」的人，在政治上祇知道低的抽象階層。他們祇知道用什麼諾言，什麼方法，才能使民衆照他的意思投票。他不忠於原則（高階層的抽象概念），祇忠於個人（政治領袖等）和目前利益（低階層的抽象概念）。所謂能說不能行的政治理論家，知道高的抽象概念（「民主」，「人權」，「社會公道」等），可是對於具體的事實知道得不夠多，因此永遠不能成功。可是許多使國家民族得到幸福的大政治家，却能用種種方法，同時達到高級的目標（「自由」，「統一」，「公道」）和低級的目標（「提高購棉價格」，「增加紡織工人工資」，「司法改革」，「土壤保養」）。

能寫趣味雋永的文章的作家，談話內容充實的演說家，思路正確的思想家，適應得宜的個人，在抽象梯階的各個階層上，都能活動自如；他們能迅速地、優美地、有條不紊地從高的落到低的階層，再從低的升到高的——他們的心智又活潑，又敏捷，又美麗，就像在樹上的猴子一樣。

# 第十一章　捕風捉影

那一天上樓時遇見個人，
他實在並不在世上生存，
幸好他今天已不再出現，
但願他，但願他永勿露面，

——休士・滿斯

每一個人都知道，一般普通人看不到事物的真相，衹能看到幾種固定的典型……華德・席格德先生常告訴他的學生，他們所以畫不出手臂，是因為他們有先入之見，覺得手臂應該是什麼模樣的，所以在繪畫時反而畫不出一條真的手臂來了。

——T・E・休爾姆

## 不要這樣開動汽車

下面是一九四八年九月八日登在芝加哥「每日新聞」裏的一個故事：

多倫多（聯合社）訊——高登・梅脫加夫，二十九歲，因所駕汽車中途機件損壞，怒擊車後玻窗，重傷斃命。據驗屍官云，死者身重二百磅，前臂上若干血管爆裂，流血極多，後雖乘出租汽車至醫院就診，終告不治。據警方消息，梅氏之汽車係一九二七年型，於數星期前始購得，嗣後不時損壞，不特所費不貲，且增車主不少煩惱云。

讓我們分析一下，這位先生的反應是怎樣組成的吧。他對那汽車發怒，就像他可能會對一個固執、不肯合作的人、馬或驢子發怒一樣。他打汽車一拳，是要「教訓」它一頓。這個反應雖然是不加思索，自發自動的，實際上却相當複雜，因爲它包括（一）、他對他的汽車，生了一個抽象的概念（「那輛可惡的老爺車」），（二）、他對他自己的概念，而不是對於現實——那輛車本身——發生反應。

原始社會裏的人，行動的方式往往相似。每逢收成不好，或是山石崩墜，他們就向五穀或山石的神明獻祭，和神人「打個交代」，希望以後神能特別垂青，待他們好些。可是我們大家都常常發生類似的反應。有時我們不愼被椅子絆了一交，就不免踢它幾脚，罵它幾聲。有的人在收不到信時，向郵差發雷霆。這種行爲的起源，是因爲我們把腦筋裏的概念和外界的現實攪錯了，因而在行動時，就把自己的概念眞個當做外界的現實看待。我們先在腦筋裏，虛創出一張故意把我們絆了一交的、想像的椅子來，然後把那張眞的、對誰都沒有惡意的椅子「罰」了一場。我們先造出一個虛幻的、臆想的郵差來，以爲他把我們的信扣留住了，而把眞的郵差罵跑了。事實上，倘若眞有我們的郵件的話，他一定會異常願意送來的。

## 抽象階層之混亂

但是從比較廣泛的意義上講來，我們都是不斷地在混淆抽象階層，把我們腦筋裏想的和現實混在一起。譬如說，我們講一根鉛筆是黃色時，就像「黃色」眞是鉛筆本身的性質，而不是我們身外某種事件和我們神經系間相互作用的成果，就像上面曾經提起過的一樣。這就是說，我們把抽象梯階最低的兩個階層混爲一談，把它們當做一個了。照規矩說，我們就不該講：「這支鉛筆是黃的」，因爲這句話把黃色當做是鉛筆裡的一個成份；我們應該換一個方式說：「那個對我發生一種作用，使我叫它『鉛筆』的東西，同時也對於發生了一種作用，使我說它是『黃』的。」在日常語言裡，我們當然用不着這樣正確。可是我們應當注意，後一種說法顧及我們的神經系在創造無論那一個對現實的印象時，所起的作用，而前一種說法却一些沒有提到。

這種把我們的內心和身外的事物混爲一談的習慣，主要是科學發明之前遺留下來的一個思想方式。文明愈進步，我們就愈加感覺到我們的神經系統自動地略去了當前事物的特性。倘若我們不知道有些特性已經被略去了，或者不感覺到抽選的過程，我們便會一看見某種事物，便信以爲眞，因而使看見和相信成爲一種過程。譬如說，一個原始社會裏的人，已經遇見過了二十一條響尾蛇，得了一個很深的印象，倘若他後來看到了第二十二條響尾蛇時，還是照常反應，拔脚就跑，大概不致會有大錯。可是文明社會給與我們神經系的問題，比響尾蛇複雜得多了。柯齊勃史基在他的「科學和心理健康」一書裡，講到有一個病人，每逢房間裏有玫瑰花，就要發枯草熱。有一次有人作試驗，把一束玫瑰突然放在他的面前，他就立刻大發起枯草熱來了，雖然那些玫瑰花事實上是用紙做的。那就是說，他的神經系一下看到，就相信了。

但是，我們前面曾經用抽象梯階說明，和經驗中眞的「物件」相比較，語言是屬於更高些的抽象階層的。抽象階層極高的字越多，我們也就愈加體會到這個抽選的過程。譬如說，「響尾蛇」這個名詞，把眞正響尾蛇每一點重要的性質都略去了，可是倘如在一個遇到過眞響尾蛇的人的記憶裏，這個名詞活生生地是那時種種複雜可怕經驗的一部份，這名詞引起的感覺，就會和一條眞的響尾蛇一樣。因此有些人會得聞「字」色變的。

這就是人們怎麼會得把語言當作魔術的工具的。我們把「響尾蛇」這名詞當作是和眞的動物一樣，而且不可分離，因爲它們所引起的反應是一樣的。這句話聽起來近乎荒謬，事實上也確實是荒謬。可是從科學沒有發明以前的邏輯上看來，却自有道理。在「土人怎樣想法」一書裏，萊味勃魯而說原始人的邏輯，確是遵照這樣一條原則推演出來的。那動物使我們害怕，那個字也使我們害怕，因此那動物和那個字就是「一樣的」東西，——即使事實上並不一定一樣，兩者之間也免不了有「神秘的關係」。萊味勃魯而所謂「神秘的關係」，就是我們在第二章裏討論許多人對於語言所抱的天眞的看法時，曾經提起過的所謂「必然的關係」，因爲有這種天眞的想法，我們才會認爲語言有「魔術的力量」，定出了許多「可怕的字」，「禁字」，「不能說的字」，把那些字當做眞個享有它們所代表的事物的特性了。在實際生活上，這種情形幾乎每天都能碰到。許多人一聽到別人是上海人，就會立刻有反應：「假若他是上海人，他一定是好（壞）人。」事實上，我們憑想像或傳聞得來的，對於上海人的印象，可能和我們現在親眼看見的這個眞正上海人，毫無關係。你想像中的上海人開通潤綽，他倒可能是十分守舊節省；你以爲他狡猾不可靠，他倒也許忠厚誠實，循規蹈矩。你若是硬把他當做你心目中的「上海人」看待，也許會失去一個很好的朋友，或者得罪一個很好的幫手或主顧。在現代社會裏生活的人，必須能親自觀察，了解現實，不要被從過去的印象或人言得來的「先入之見」迷住了心，將概念和現實混淆不清，引起許多不必要的誤解。

## 犯人張三

把許多抽象階層混爲一談的弊病，可以從像下面這樣的例子裡看出來。譬如說，現在有一個人名叫張三，「在監獄裏住了三年，剛釋放出來。」這句話可算是很抽象了，但是究竟還報告了一件事實。然而許多人一聽到這句話，就立刻不覺地產生了更抽象的觀念：「張三從前犯過罪……他是個犯人。」但是「犯人」不但比「他在監獄住過三年」更加抽象得多，而且也是一個判斷，含有預言的意思（見第三章）。（他從前犯過罪，將來也許還會犯其他的罪。」）。結果是，每逢張三去申請職業，不得不說明他曾在監獄住過三年的時候，可能僱傭他的人便或許會自動地把兩個不同的抽象階層混亂了，而因此便會對他講：「你不能要我起用犯人呀！」

單是從上面簡單的報告看來，張三可能是眞的已經完全改造過了，也許他在從前入獄時，就是寃枉的。可是他却可能會到處奔波，無法找尋職業。倘如他最後眞的失望了，自己對自己講道：「如果每一個人都把我看成犯人，我不如眞的變成個犯人吧。」於是就出去犯了一樁槍案。我似乎決不能說一切都是他的錯處。

讀者們想必都知道，謠言傳得愈廣，它的內容也就愈變愈嚴重。許多謠言所以愈傳愈誇張，也就因爲有些人忍不住要向更高的抽象階層上爬，從報告進展到推論，再進展到判斷，然後再把不同的階層混雜起來。根據這種「推理」的方法：

報告：「周婉貞上星期六晚上，直到夜裏兩點鐘才回家。」

推論：「我敢擔保她是在外面亂跑。」

判斷：「她是個一文不值的賤女人，我從來就看不上眼她那副模樣兒。從第一次看見他起，我就知道她是怎樣一個人了。」

我們對於別人的行動，既然以這樣匆促地得來的判斷爲基礎，就難怪我們不但常把別人的生活弄得異常痛苦，而且常常把自己的生活也弄得十分不快了。

像這種混淆不清的現象，我們最後還可以再擧一個例子。當一個人說：「我失敗了三次」，和說：「我是一個失意的人」時，請注意兩者之間所代表的心理和產生的效果多麼不同。

## 虛幻的世界

我們祇要能注意到抽選的現象（Consciousness of adstracting），就能對於有些事物形似而實非，有些事物名同而實異，以及判斷並不是報告等等事實，先有一個準備。簡括地說，我們可以不致於做傻事了。倘若我們沒有注意到抽選的現象——或者說，因爲沒有深切地感到所見的一切，並不能全部置信，所以還沒有養成不立刻反應出來的習慣——我們就會對於眞玫瑰花和紙玫瑰花，眞上海人和想像中的上海人，活生生的「張三」和幻想中的「犯人」之間的分別，完全沒有準備，不知道該怎麼辦。

不立刻作任何反應出來，是一個人已經到達成年的表示。可是爲了錯誤的教育，不良的訓練，幼年時可怖的經驗，陳腐的傳統信仰宣傳，和生活中其他因素的影響，我們每一個人的精神裏都有「不健全的領域」，（Areas of insanity），或者，用一個更好的名詞說來，「幼稚的領域」（Areas ofinfantilism）。對於某些問題，我們總覺得「想不通」，因爲自己「偏見太深，看不清楚」。譬如說，有些人爲着幼年時的經驗，一看見警察（任何一個警察），就要驚惶；他們腦筋裏「可怕」的警察，代替了在外界裏任何人都看不出有什麼可怕的眞警察。有些人看見任何一隻蜘蛛，都要面色慘白，甚至對一隻好好地關在瓶子裏的蜘蛛，也是如此。有些人一聽到「法西斯」、「資產階級」、「共產黨」這類名詞，就立刻自動地發生仇恨的感情。

倘若我們對抽選的現象如此麻木，我們腦筋裏代表現實的圖畫，便會成爲一幅完全表示不出任何眞的「地域」的「地圖」，而變爲一個虛構的世界。在這個虛無飄渺之鄉裏，所有的「上海人」都是靠不住的；所有的「資本家」都是吃得肥頭肥腦的專制魔王，抽着昂貴不堪的雪茄煙，對工會採取咬牙切齒的敵對態度。在這個世界裏，一切的蛇都是有毒的，一切不肯聽話的汽車，祇要一拳打中它要害，就會乖乖地照規矩走了，一切說話有外國口音的陌生人都是敵國的特務。有些人在這種虛構的世界裡住得太久，最後便被關到瘋人院裡去了。可是不消說，現在還有許多這樣的人，依然自由自在。

我們要怎樣才能將自己思想裡這種「幼稚的領域」消滅一部份呢？一個方法是要深深地認識，言辭和它們所代表的事物並沒有「必然的關係」。爲了這個緣故，研究一種外國語言，即使沒有別的用處，也總會對我們有益的。有人還提起過別的方法：注意抽選的過程，**充份認識言辭對於任何事物都是無法「盡言」**的，抽象梯階的目的，就是要幫助我們了解，而且不斷地注意到抽選的過程。

# 第十二章　分類

倘若我們在法律上，要為日和夜，幼年和成年，以及其他各種極端間，確定一個界限，我們必須要能決定一個點，劃出一條線——或者慢慢地經過好幾次決定後，再下結論也行——以表示變化是在那裡產生的。單看這點或線的本身，不管在它後面的必要性，它就會像是很勉強似的，可以說是不略略偏向這邊，就略略偏向那邊。但是當我們知道我們必需有一條線或一個點，而又沒有數學或邏輯的方法，將這線或點定得非常正確的時候，祇要那個法律上的決定，可以說是並不離合理的標準很遠，我們就祇有接受它一條路了。

——奧里佛・荷爾姆斯

一個字真正的意義，當然祇能從一個人怎樣用它看出來，不能以他怎樣講而定。

——P・W・布列琪曼

## 取名字

下面的圖畫裡有八件東西，就算是八個動物吧；四個大的，四個小的；四個頭圓，四個頭方；四個捲尾巴，四個直尾巴。比方說，牠們在你的村莊附近亂跑，但是最初對你毫無關係，所以你也不理會牠們，甚至都沒有給牠們取名字：

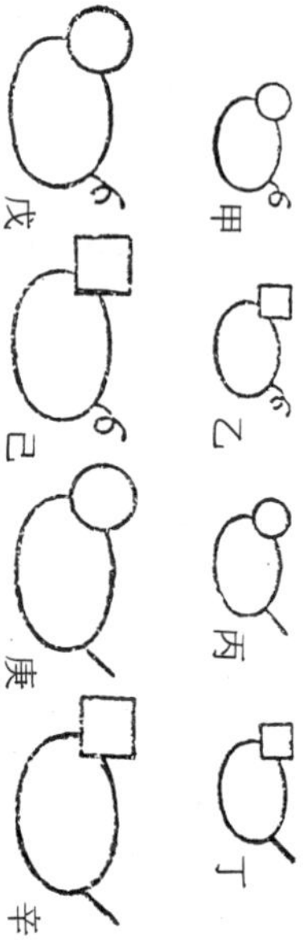


然而有一天，你發現那些小的動物把你的穀子吃了，大的却沒有吃。於是這些動物間就發生了差別，你把甲、乙、丙、丁的共同特性選擇出來，叫牠們「哥哥」，戊、己、庚、辛叫做「姐姐」。你把「哥哥」們都趕跑了，留着「姐姐」們不問。可是你的鄰居所得的經驗却並不同：他發現方頭的動物會咬人，圓頭的不會，因此他就揀出乙、丁、己、辛的共同特性來，叫牠們做「弟弟」，把甲、丙、戊、庚叫做「妹妹」。同時，另外一個鄰居却發現尾巴彎的動物會殺蛇，尾巴直的不會。他就揀出了另外一組共同特性來，將牠分開：甲、乙、戊、己叫做「殺」，丙、丁、庚、辛叫做「不殺」。

請想像：有一天你們三個人在一起，戊恰好從你們前面走過吧。你說：「那邊跑的是『姐姐』。」你的第一個鄰居說：「那邊跑的是『妹妹』。」另一個鄰居却說：「那邊走的是『殺』。」你們之間，立刻就會大事爭辯起來了。那個動物究竟是什麼：「姐姐」、「妹妹」還是「殺」？什麼才是牠正確的的名字？正在爭吵間，別的村莊裡又來了一個人，把牠叫做「好肉」，因為牠是可以吃的；把不能吃的叫做「壞肉」。這位先生雖然也參加了你們的討論，卻一些也幫不了忙。

「牠究竟是什麼？什麼才是牠正確的名字？」這當然是一個沒有意思的問題。所謂沒有意思的問題，就是指一個無法回答的問題。符號和它們所代表的事物間，一定要有必然的關係，才能有「正確的名詞」。可是我們前面已經看到過，這種關係事實上並不存在。那就是說，你注意到的是如何保護穀子，所以你叫牠「姐姐」。你的鄰居怕被咬了，覺得叫牠「妹妹」較為方便。另外一位芳鄰恨蛇得很，牠能殺蛇，所以叫牠「殺」。我們把事物叫做什麼名字，在那一點或線上將兩種不同的東西分開，就要根據我們的利益，和分類的目的而定。譬如說，在肉品工業，皮革工業，獸毛工業和動物學裡，各種動物分類的方法不同。沒有一種分類方法比別的方法更固定永久些，因為每一種分類法都祇是對於它本身的目的有用而已。

對於一切我們所覺察到的事物，上面的話都能適用。在我們看來，一張桌子就是一張桌子，因為我們知道它對於我們的行為利益有什麼關係；我們能在它上面吃飯、做工、放置東西。但是對於一個在不用桌子的文化裏生活的人，它可以是一張很大的櫈子，一個小的平檯，或是一件沒有意義的東西。這也就是說，倘若我們的文化和教育不同，連我們的世界都會看起來不是一個樣子的。

譬如說，有許多人對各種魚　鯽魚、鯉魚、黃魚、扁魚、青魚、烏魚、帶魚……——分辨不出來。「牠們都不過是魚，我就不喜歡魚。」一句話就把它們都包括進去了。對於一個愛吃魚蝦的人，上面這些却都是很切實的差別，因爲對他，牠們代表各種不同的滋味，有的下飯，也有的不下飯。對於一個動物學家，更加精細的差別就成爲非常重要了，因爲他另外還有更廣大的目標。所以當我們聽到「這條魚是鰺魚。」這一類話的時候，即使是漠不關心的人，也會承認它是「眞」的，並不因爲它是那魚的「正確的名字」，而因爲它是一羣對魚類最有興趣的人，在它們所發明的最完善、最普遍的分類制度裡，所給予這條魚的分類名詞。

因此，當我們替東西取名字的時候，我們就是在給它們分類。我們正在定名的事物，本身當然沒有名字，而且在我們給它們分類之前，並不屬於任何種類。再擧個例子吧。譬如有人要我們解釋「韓國人」的外向意義。我們唯一的方法，就是指着現在活着的全體韓國人說：「『韓國人』這個字，目前是指這些人，甲一、甲二、甲三……甲未知數。」倘若這些韓國人裏生了一個小孩(可以用申代表)，「韓國人」那字的外向意義，本來是在申產生之前決定的，並不包括申。申是一個新人，什麼種類都不屬，因爲所有的種類，在歸類時，都沒有把申計算在內。可是申爲什麼也是一個「韓國人」呢？因爲我們說他是韓國人。我們既然這樣講了，定了種類後，將來對申的態度，就有了相當的規定。譬如說，在韓國，申將永遠會有某種權利；在別的國家裡，他將永遠被看成一個「韓國人」，受有關「韓國人」的法律限制。

一談到「種族」和「國籍」，分類是怎樣一回事，就特別容易看出來了。以作者本人論，講「種族」是「日本人」，講「國籍」是「加拿大人」，可是據他的朋友說，他「大體上」是一個美國人，因爲他的思想、談吐、行爲和衣着，都和別的美國人差不多。因爲他是一個「日本人」，他受了法律的限制，不能變成美國公民；因爲他是「加拿大人」，所以他在不列顛聯邦各處，都可享受某種權利；因爲他是「美國人」，所以他和他的朋友們很講得來，現在在美國一個高等學府裏教書，毫無任何特別顯著的困難。這些「分類」是不是眞的呢？當然是的。它們之所以「眞」，是因爲每一種分類，對於他什麼可以做，什麼不可以做，都有很大的影響。

此外，幾年之前，還有一個關於一位小移民的故事。他的父母都是「捷克」人，按照定額，可以進入美國，可是他自己湊巧生在一隻「英國」船上，所以是「英國籍」。那一年，英國人的移民入口額已經滿了，因此移民局便認爲這個新生的嬰孩「不能進入美國」。結果如何解決，作者並不知道，不過這種例子，隨時隨地都可以找得到。

給狗、貓、刀、叉、香煙、糖菓等種種東西分類，不會有什麼複雜的情形。可是當我們給高度抽象階層上的東西——譬如說是描寫行爲，社會制度、哲學和道德問題的名詞——分類時，馬上就會發生很大的困難。一個人殺了另外一個人，究竟算是什麼行動呢？謀害，一時神經錯亂，殺人，誤殺，還是英勇的行動？分類的過程完畢後，我們的態度和行爲也就變成相當固定了。謀害者處死，精神錯亂者監禁，爲環境所迫者釋放，英雄授勳章。

## 頭腦頑固

不幸的，許多人對於自己怎樣分門別類，並不是永遠注意到的。他們沒有注意到把張三稱爲一個犯人，不但沒有顧及他本人許多眞的特性，並且還派給他這個名詞的情感含義所暗示的一切性質，却冒然對張三作了最後的判斷：「唉，犯人總歸是犯人，沒有辦法。」

硬把別人叫做「廣東人」，「上海人」，「老小姐」，「交際花」，「窮鬼」，「守財奴」，「滑頭」，「書獃子」等，並且由此對於他（她）們下一個草率的判斷，或是不如說是起一種固定的反應，是一件何等不公平的事，我們在這裏也毋需細述了。「草率的判斷」包括着假若慢慢地想，這種錯誤可能避免的意思。事實却並不如此。有些人雖然很慢的想，仍然得不到更好的結果。我們要在這裡研究的，是我們怎樣會因爲這種自動的反應，而變得腦筋頑固。

讓我們再繼續談談「犯人總歸是犯人，沒有辦法」那個例子吧。說這些話的人，把眞的犯人和他們腦筋中虛構的犯人混爲一談，這一點我們在上面已經講過了。和這種人接觸過的讀者想必知道，倘若有人和這種人爭辯，指出有些犯人是寃枉入獄的，有的還在監獄中創造了偉大的文學和哲學作品，（文天祥可不是在獄中寫成正氣歌的嗎？）他們往往會說：「當然有例外囉。」那就是說，根據以往的經驗，他們不能不承認，在許多犯過罪的人裏面，至少有幾個是不合他們「先入之見」的。然而接着下去，他們就會趾高氣揚地說：「但是，這少數是例外，——然而『例外證明法則』——這就是等於說，「我不管事實。」這種毛病犯得非常厲害的人，有時却可能會有至親好友不幸而身入囹圄過的，然而對於至親好友，他們却又另有一番解釋了：「我從來沒有想到他們也是犯過罪的。他們是我的至親好友。」換句話說，卽使有過了親身經驗，他們腦筋裏幻想的「犯人」，還是絲毫不變。

像這樣的人，永遠不能從經驗裏學得智慧。他們一味只顧投「民主黨」或「共和黨」的票，至於那兩黨究竟做些什麼，他們完全不問。他們一味反對「社會黨」，而對於社會黨的綱領如何，也是完全不問。他們一味認爲母親是神聖的，任何母親都是如此。有一次，有一位太太經醫生和心理分析家診斷，都認爲已瘋得厲害，毫無希望了。然而當一個負責審查她是否該入瘋人院的委員會開會時，一個委員堅決反對把她監禁起來。「諸位」，他用了極頂尊嚴的口吻說道：「你們必須記得這個女子究竟是個母親呀！」同樣的，這種人會一味恨「新敎徒」，對任何一個新敎徒都是如此。當他們投一個政黨的票時，他們也不問那一個政黨裏是不是良莠不齊，或者已經起了變化，却只是說：「隔壁的李伯伯不是也擁護他們的嗎？我怎麼能不追隨於後？」

## 牛1不是牛2

我們要怎樣才能不致誤入這種精神上的迷津，或是在進去後又出來呢？有一個方法，就是要記得在一般日常談話、辯論和公開的論戰中，「共和黨畢竟是共和黨」，「做生意畢竟是做生意」，「小孩畢竟是小孩」，「女人畢竟是女人」，這種說法都是不對的。讓我們來研究一下，它們在事實上是怎樣發生的吧。

「老李，我覺得我們還是不要做這筆買賣好些，對於別的同業太不公平了。」

「嗨，不要那麼說，做生意畢竟是做生意呀！」

這樣一句話，看來雖然像是一個簡單的事實報告，實際上既不簡單，也不是一個事實報告。第一個「生意」代表正在討論中的買賣，第二個「生意」可就牽涉到「生意」的含義了。這句子是一個指示，意思是說：「我們做這樁買賣，除了賺錢，別的都不用管，做『生意』就是只管賺錢的意思」。同樣地，當一個小孩闖了禍，做父親的要替他辯護時，會這樣講：「小孩畢竟是小孩」。明白些說：「對於我兒子的行爲，不必認眞計較，還不如一笑置之罷。平常我們對於所謂『孩子』，可不都是這樣麼？」那個發了惱的鄰居，當然會回答道：「小孩？哼！他是小流氓，完全是小流氓！」這話不是說明，而是指示，指導我們按照固定的方法，把討論中的事物分類，以便我們能根據分類的名詞來感覺或行動。

要使這種指示，不致對我們的思想起有害的作用，有一個簡單的辦法。那就是柯齊勃斯基建議的辦法，給我們應用的名詞加上號碼；英國人1，英國人2，英國人3……母牛1，母牛2，母牛3……法國人1，法國人2，法國人3……共產黨員1，共產黨員2，共產黨員3……那種類名詞告訴我們，同類的各個成員，有什麼相似之處，那號碼告訴我們，有許多特性都沒有提及。這樣我們才能創造出一條定律，作爲思想和閱讀時的一個總指導：母牛1不是母牛2，猶太人1不是猶太人2，政客

$_1$，不是政客$_2$，以此類推。倘若我們能記住這條定律，就不致把不同的抽象階層攪亂了，並且在想草草下結論的時候，非得考慮事實不可，後悔莫及的現象，或者因此可以避免。

## 「眞理」

大多數理論上的問題，歸根結底，都是分類和名字的問題。幾年前，美國司法部的反托辣斯組和美國醫師公會，爲了行醫究竟是「職業」還是「營業」，發生了一場爭執。美國有些法律禁止任何團體「限制別人貿易」，醫師公會要想不受這條法律束縛，就堅持的說行醫是一種職業。及托辣斯組要想制止某些與行醫有關的經濟習俗，因此堅持說行醫是一種營業。雙方的擁護者都互相責備對方歪曲字義，連簡單的英語也不懂。

吹口琴的人算不算音樂家呢？在一九四八年以前，美國音樂家協會一直規定，口琴祇是一種玩具，因此職業口琴家往往加入美國雜技藝員公會。甚至像賴雷艾德拉這樣一個傑出的藝人，口琴獨奏時常常有整個的交響樂隊伴奏，按照該會的定義，却不能算「音樂家」。然而到了一九四八年，美國音樂家協會發現口琴演奏家日漸受人歡迎，並且和它的會員競爭起來了，就決定他們畢竟也算是音樂家了。——這項決定不合技藝員公會會長的意思，所以他便立刻和音樂家協會打官司。

「阿司匹靈」是不是一種藥呢？在美國有些州裏，按照法律規定，它被列入藥的一類，祇能在註冊過的藥房裏買到。倘若有人想和在別的州裏一樣，從雜貨店、飯堂、休息室等處買到阿司匹靈，他們必須設法把它重新分過類，列入「不是藥物」的一類。

行醫是「職業」還是「營業」？開學校算不算「營業」？吹口琴的是不是「音樂家」？阿司匹靈是不是藥？平常解決這些爭端的辦法是查字典，看看這些有關的字，「眞正的意思」如何。另一個普通的做法，是查閱過去法庭的判例，和有關本題的各種學術論文。然而最後的決定，並不是以求教於過去的權威，而是以一般人的需要而定。倘若他們要美國醫師公會不受反托辣斯法律限制，他們會在萬一必要時，告到最高法院裏去，把行醫「定」爲「職業」的。倘若他們要美國醫師公會受這條法律制裁，他們會設法使法庭判決，把行醫算做「營業」。以上面這件案子而論，羣衆最後得到法庭判決，行醫是否是「營業」，並不是問題的中心；重要的是，根據原告訴狀，美國醫師公會確實限制了集體健康協會（一個設法幫它的會員得到醫藥福利的合作組織）的營業，反托辣斯控訴因此成立。

吹口琴的人算不算是音樂家呢？倘若大衆對這問題都不發生興趣，結果勝利就會歸於力量大些的那個公會。阿司匹靈是不是一種藥？翻查字典，向阿司匹靈藥片呆看半響，都無法解決。最後決定還得依一般人愛在那裏，怎樣的情形下買阿司匹靈而定。

無論如何，在一切對大衆有廣泛重要性的問題上，卽使是曠日持久，要費好多年才能解決，社會上也總會最後得到它想要的分類法的。當大家要聽的判決公佈了後，便有人歡呼：「眞理勝利了！」總之，那些分類法能產生社會需要的結果，社會便認爲那些分類法爲「眞理」。

「眞理」的科學試驗，正像它的社會試驗一樣，純粹以實用爲標準。祇是在科學試驗中，當事人

「所要的結果」限制得比較嚴些；社會所要求的結果，可能是不合理的，迷信的，自私自利的，或人道主義的，沒有一定。但是科學家所要的結果，是祇要我們的分類法能產生的結果，可以預測得到就行了。前面已經詳細地說明，分類的方法可以決定我們對分類中的事物，應抱怎樣的態度，採取怎樣的行動。當我們把閃電當作是「天怒」的表現時，除了禱告外，沒有人提出過別的辦法可以叫人不致觸電而死。一經分類爲「電」以後，富蘭克林便發明了避雷針，對於閃電得到了一些控制的能力。從前人們對有幾種病，認爲是「鬼魅附身」，一定得用各種希奇古怪的符籙咒語，來驅邪逐怪，這種方法不一定能有成效。可是把這些病症歸入「細菌傳染」一類後，就有人想出適當對付的方法來，求得比較可靠些的效果了。科學所要的，祇是最普遍地有用的分類制度；在沒有發明更有用的分類制度前，我們現在用的這些制度，在目前就算是「眞」的。

# 第十三章　二元價值觀點

那學生說，受過大學教育的人，知道得多些，看人也看得準些。我就問道：你是不是假定說，大學教育不但能給我們平常所謂的知識，還能給我們平常所謂的「聰明」或者「智慧」呢？他說：噢，你那麼講的話，那進大學一點兒用處也沒有了。

——法蘭西斯・P・起斯荷爾姆

讓他（學生）知道，承認自己的議論裡有錯誤，（雖然除了他外，別人還沒有注意到，）是一件有見識而且誠實的舉動，上面這些正是他所想要的主要的品質；固執和愛好爭論是下等的品質，通常祇有心情最卑下才會那樣。變更主意，改正自己，在極熱中時仍然能放棄不對的見解，是難能可貴的强者或哲學家的品質。

——蒙坦因

在「不論任何問題上，我們必需聽取雙方的理由，」這句話裏，含着一個往往沒有人深究的臆斷，那就是每一個問題，根本都可分爲兩方面。我們的思想裏，常常有把不同的人、事、物對比的傾向，覺得不「好」的一定是「壞」的，不「壞」的一定是「好」的。在我們感到興奮或暴怒時，這些感覺更加強烈。譬如說，在戰爭的時候，大家往往會覺得，不是「百分之一百愛國」的人，一定是個「外國的特務」。小孩子也表現出這個傾向。當有人教他們歷史的時候，他們第一件要知道的事情是：「這個皇帝是好的還是壞的？」在給腦筋幼稚的人閱讀的通俗文字和電影劇本裏一方面總是值得人歡呼的英雄，另一方面是被人唾棄的壞蛋。一般通俗的政治思想也是如此：一方面是「民主」，另一方面是「極權」；一方面是「無產階級的思想」另一方面是「資產階級的思想」。這一種祇用兩個價值值：正的和負的，好的和壞的，熱的和冷的，愛和恨，來觀察一切事物的趨向，可以叫做二元價值觀點。

## 二元價值觀點和戰鬥

一般地說，祇有一個慾望的人能看到兩種價值：一，滿足那慾望的東西和阻碍那慾望的東西。假若我們快餓死了，在我們的心目中，世界上便祇有兩種物件：可吃的和不可吃的。假若我們遇到危險了，那就祇有自己懼怕的和幫助與保護我們的東西。在原始社會裏，人們的慾望簡單，祇能顧到自衞和找尋食物，因此祇能將一切事物分爲兩大類：給我們痛苦的東西和給我們快樂的東西。這種生活可以淸楚均勻地分成二部份：好的和壞的，一切就都包括進去了，因爲我們根本不注意與我們的興趣無關的事物。

再有，在我們作戰的時候，我們也會覺得祇有接受二元價值觀點這一條路。在那霎那間，除了我們自己和對手外，世界上別的一切都不存在了。明天的宴會，美麗的風景，關切的旁觀者……一切都遺忘了。所以我們在戰爭時，把全部精神都貫注上去：肌肉緊張，心跳得比平常快，血管暴漲，危險臨頭的感覺使血液裏的化學成份起變化。在這種非常興奮的情況下，二元價值觀點不但能引起許多的心理作用，並且也能引起同樣多的生理作用，因此可以算作戰鬥時不可少的伙伴。

許多善戰的原始民族，終生要和風雨、敵人、野獸、或者他們以為是附在自然物件裏的惡魔戰鬥。對於他們，二元價值觀點似乎是正常的看法。在這種社會裏，人生每一樁行動都受宗教儀式嚴格的限制，不是被認為必需的就是被認為禁忌的。據文化人類學家說，在有幾種原始人的生活裡，簡直沒有什麼，因為人生每一件瑣事，都受了嚴格的限制，不是好的，就是壞的。譬如說，狩獵和捉魚時，必須用固定的方法，遵守固定的格式，以求成功；不能在別人的影子裡行走；在缽子裡攪東西時必須自右向左，不能自左向右；叫人時不能叫名字，不然也許會被惡鬼聽見；村上飛過的鳥類不代表「好運」就代表「惡運」。從這種觀點看來，沒有　樣東西是沒有意思，或是偶然發生的，因為所有他們看到的東西，祇要是引起了他們注意，就必須屬於兩種價值之一。

這種思想的毛病，當然在於它除了用「善魔法」和「惡魔法」等名詞外，沒有別的方法估量任何新的經驗、過程或物件的價格。任何與習慣不合的行動，都遭到冷眼，因為它沒有前例，所以是「惡魔法」。為了這個緣故，許多原始民族的文明顯然留在停滯狀態。每一代總是幾乎絲毫不爽地抄襲上一代的生活方式，因此變成所謂「落後民族」。他們的語言裏沒有可以進步到新的評價方法的工具，

因爲他們觀察一切事物，都是由兩組不同的價值着眼。（註）

註：這並不是說原始民族「不聰明」，而不過是說他們缺少文化交流，沒有和別的民族把知識滙集起來的機會，因此沒有什麼機會去發展他們的語言，也不能得到正確地滙集知識時所必需的、更精細的評價方法。文明人所以能進步爲文明人，並非因爲他們天生的智力高些，而是因爲他們傳襲了許多世紀來最廣泛的文化交流的果實。

## 政治上的二元價值觀點

在像美國實行的這種兩黨政體下，說二元價值話的機會很是不少。作者常常在芝加哥擁擠的大街上，聽宣傳車廣播，所以對於每一黨在競選時如何無情地痛擊對方，誇耀自己，得到了很深的印象。他們從來不肯對敵對的黨派說一點贊美或甚至寬宥的話。作者曾問過一位州代表的候選人，爲什麼會有這樣的現象，他的回答是：「在我們老百姓間犯不着說話太細巧。」幸好多半的投票者都把這種針鋒，互相對罵的情形，特別在選擧的時候，當做「不可避免的一部份」，所以它似乎並不一定總是有壞結果的；一方面誇張，另一方面也誇張，結果就有一部份抵銷掉了。然而投票者中仍然有一部份——而且不祇限於沒有受過敎育的人——把這種二元價值觀點信以爲眞。把自己的對手描寫做民族的敵人，而不是對國家利益看法不同的美國同胞的，就是這些人和報紙。

然而從大體上講來，在一個兩黨制的政府裏，政治上的二元價值觀點很不容易長遠維持。因爲在不競選的時候，兩黨得協力合作，因此必需假設對方的人並不完全是魔鬼化身，同時在兩黨政體下的民衆，也能看到許多事實，證明共和黨對於民主黨政權悲觀的預測，以及民主黨對共和黨政權同樣悲觀的預測，從來沒有能完全兌現的。並且民衆不但可以批評行政當局，還有反對黨竭力鼓勵他們這樣做，因此大多數人民從來就不肯眞正相信有一黨會「完全是好的」，另有一黨會「完全是壞的」。

但是假若一個政黨覺得自己完全是對的，除它之外，沒有任何別的政黨可以有理由存在，當這樣的一個政黨掌握了政權的時候，反對黨立刻便會被禁止發言了。在這種情形下，那政黨便會宣佈它的哲學是全國法定的哲學，它的利益是全民族的利益。德國國社黨說道：「任何與國家社會黨爲敵的人，都是德國的敵人。」即使你非常愛護德國，祇要你在什麼事最能裨益德國這一點上，和國社黨員不同意，你就要被清算。在一黨專政制下，以最原始形態出現的二元價值觀點便成爲一國法定的思想。

希特勒給他的政治制度，找到了兩個最主要的名字：「雅利安」，代表一切好的東西；「非雅利安」（或者「猶太」），代表一切壞的東西。名詞找到了之後，他和他的宣傳部就有系統地工作起來，把這些名詞應用到差不多一切他們想得到的事物上去。納粹的言論，報章和刊物裡常常明白表示這種二元價值觀點：

凡有關本黨與國家生存的事件，一概不許再有人討論。無論何人膽敢疑問國社主義思想是否正確的，均作叛國論。（國社黨都林其亞總督饒格爾，一九二三年一月二十日。）

在德國，每一個人都是國社黨員——不在黨的人非瘋卽痴。（希特勒於一九三八年四月四日在奧國克拉根福特的演說，轉錄自一九三八年四月五日「紐約時報」。）

任何一個不用「希特勒萬歲」招呼別人的人，或是雖然用這稱呼，却祇是偶然爲之，而且不很願意用的人，都表示他自己是領袖的敵人，或者是一個可恥的變節者……德國人民唯一的招呼是「希特勒萬歲」。任何一個不用這招呼的人，就不能算做德國民族集團裡的一份子，這一點他必須認識清楚。（撒克孫納省勞動陣線的領袖，一九三七年十二月五日。）

民社黨員說：有益於德國人民的便是合法，有害於德國人民的便是非法。（德前內政部長佛律直博士。）

任何一個阻碍希特勒願望的人或東西，都是「猶太」、「沒落」、「腐化」、「民主」、「國際主義化」，再加上一個最厲害的侮辱：「非雅利安」。在另外一方面，任何希特勒願意稱爲「雅利安」的東西，都一定是高貴、善良、英雄氣慨、而且十分光榮的。勇敢、克己、榮譽、美、健康和快樂都是「雅利安」的。無論他號召人民做什麼事，他總是叫他們「完成雅利安人的傳統任務」。

被納粹們用這種二元價值觀點考察的東西，多得簡直無法相信：藝術、書籍、人物、柔軟體操、數學、物理學、狗、貓、建築物、品行、烹飪、宗教，祇要希特勒贊許的就是「雅利安」，他不贊許的就是「非雅利安」或是「受猶太人支配的」。

我們要每一隻母雞每年生一百三十到一百四十個雞蛋。靠着現在佈滿在德國田園裡的雜種（非雅利安）母雞，決不能增加那麼多。把這種不中意的份子殺了，另外養……（納粹黨通訊社，一九三七年四月三日。）

單以牠膽小得叫人看着受不了這一點上而論，兔子絕對不是德國的動物。牠是移殖進來的，在享受着客人的特權。至於獅子，我們無疑地可以從它身上看出德國人的基本性格。所以我們可以稱牠爲僑居海外的德國人。（魯登道而夫將軍：「德國藝術起源論」。）

正確的呼吸，是獲得英勇民族精神的手段之一。呼吸的藝術代表從前曾是眞正的雅利安主義的特徵。雅利安民族的全體領袖都知道這種藝術……讓我們的人民重新奉行古老的雅利安民族的智慧吧！（柏林「世界政治近況」。轉錄自「民族週刋。」）

直接或間接地從猶太人買來的母牛，不得和公有的牡牛配種。（巴伐里亞省可寇聶司道爾夫鄉鄉長，載納粹黨機關報 Tegernseerzeitung ，一九三五年十月一日。）

在任何德國詩人作品的選集裡，海雷奇・海湼都不該佔有篇幅……我們所以不要海湼，並不是因爲我們認爲他寫的詩每一行都是壞的。決定的因素是：他是一個猶太人。所以，在德國的文學裡，沒有他的地位。（褐衫報）

日本人被歸爲「雅利安人」，因爲在第二次世界大戰前和戰時，他們和希特勒的德國保持着友好的關係。這種分類法夠荒唐了，但是這事本身對於希特勒的事業，尙無大害。然而他另外又犯了一個錯誤，把物理學上有幾部門分爲「雅利安」，有幾部門分爲「非雅利安」。最後產生原子彈的，就是從「非雅利安」物理學得來的理論，這對於他眞可謂不幸之至。

在納粹主義的歷史上，也可以顯明地看出二元價值觀點和戰鬥的關係來。希特勒一握政權，就告訴德國的人民，他們「周圍都是敵人」。第二次世界大戰爆發很久以前，他就已經號召德國人民採取各種行動，好像戰爭已經在進行着一樣。每一個人，不分男女老幼，都被迫參加各種「戰時」工作。爲了在眞的戰事爆發前，人民的戰鬥意識不至因爲沒有具體敵人而漸次消沉，他叫德國人國內經常地和所謂「內部的敵人」戰鬥：主要的是猶太人，以及其他納粹黨碰巧不喜歡的人。教育也被弄得成爲顯然地以戰爭爲目標的東西。

> 世界上根本就沒有爲知識而求知識這件事。科學祇給予我們的心智一種軍事性的訓練，使我們能服務國家。大學必須是組織有才智的人的戰場。阿多而夫·希特勒萬歲！他的永遠的帝國萬歲！（燕拿大學校長。）

> 大學的任務不是教授客觀的科學，而是教授好戰的、鬥爭性的、英雄氣的科學。（門漢公主學校校長特里直博士。）

國社黨官方的觀點，從來沒有放鬆過二元價值的信仰。他們認爲對一件「好」的東西不管你認爲它多麼好，都不會嫌太過火，對於「壞」的東西不管你認爲它多壞，也不會嫌太過火，好壞之間絕沒有商量的餘地。「不是幫助我們的，就是反對我們的。」

## 人對人不人道

納粹黨徒對待猶太人和其他「敵人」的殘酷行爲——集體屠殺、毒氣室、以及酷刑、餓斃、和活活解剖政治囚犯以供「科學」試驗等——常常使外面的世界覺得簡直無法相信。關於納粹監獄和刑場的故事，到現在還有人認爲是戰時造出來的反納粹宣傳。

然而對於研究二元價值觀點的人，這些故事都是可能的。假若好的「絕對好」，惡的「絕對惡」，原始的、二元價值的觀點便自然會要人用一切可能的方法，來撲滅「罪惡」。從這種觀點出發，殺害猶太人成了一種道德上的責任，必須有系統地、認眞地執行。從聯合國審訊戰犯時得到的證據看來，他們對那種任務，確實是這樣看法的。許多納粹的獄吏和劊子手，並不是懷着暴怒或者魔鬼般幸災樂禍的心情，去執行他們可怕的任務的，他們祇是覺得那是他們的責任而已。希特勒曾經說過，宣傳的功用，就是要使人能夠把平常必須暴怒才做得出來的事，冷靜鎭定地完成。祇要我們認眞相信二元價值的宣傳，那種宣傳便眞個會產生這樣的結果，因爲一個人會深信不疑地相信：「都是那些混蛋在搗蛋」，因此，「祇有一個辦法對付他們。」

## 蘇聯的一黨制度

德國國社黨坦白承認自己相信暴力、欺騙和高壓。共產黨在俄國開始時，所抱的理想大不相同，那是沒有疑問的事。共產主義的鼻祖馬克斯，和他影響最大的信徒列寧，顯然曾經認眞地誠心誠意地獻身給被壓迫的人們，希望將來能有一天，不致再有被壓迫者存在（「無階級的社會」）。然而，俄國的共產黨竟建立了一個一黨制的國家，把自己的理論稱爲「眞理」，其他一切異端，或者有一部份是異端的理論，都稱爲「錯誤」、「罪惡」、「資產階級」和「反動」。以後發生了什麼結果，知道的人很多。異議被抑制了，持異議的人被「清算」了，思想和言論自由絕跡了，不但在政治思想，而且在藝術、文學、哲學和科學思想上，官方都發表了意見，說明什麼是官方許可，什麼是官方不許可的。這些事在俄國眞是做得又澈底又無情，就像希特勒的德國一樣。

有了二元價値觀點，就天然會需要一個一黨制。（旣然知道了眞理，爲什麼要浪費時間聽人說錯誤的話呢？）爲了要維持自己，這個一黨制非得摧毀異議，裝做自己從來沒有錯過才行。因此，不管開始時的理想是高貴還是下流，祇要你對是非的看法是「二元價値」性的，最後的結果總會變得十分相像，使你驚奇不止。

從蘇聯的官方立場（就像從上面引過的納粹立場）看來，世界上沒有爲求知識而求知識這件事。科學理論、文學和電影的故事、音樂或繪畫裏的趨勢，都和政治主張一樣，不是被贊揚爲「前進」、「民主」、「科學化」、「唯物」、「英勇」、「社會主義」和「親蘇」，就是被責備爲「資產階級」、「沒落」、「唯心」（「反科學」）、「帝國主義」、「反動」、「資本主義」和「法西斯」。現在並且又有了一種日見加強的傾向，堅決認爲在一種「蘇聯科學」與「資產階級科學」對立的，就像納粹黨徒相信有一種「雅利安」科學與「非雅利安」科學對立一樣。例如說，眞理報因爲不滿意優生學家，謝勃拉克教授的科學思想，所以便批評他道：

以一個蘇聯科學家的身份，謝勃拉克應該已經把這次關於優生學問題的鬥爭有什麼階級意義揭發出來了。但是他被資產階級的偏見，和對資產階級科學卑恭屈節的態度所矇蔽，接受了敵人的思想……謝勃拉克竟然相信有「純粹科學」這麼一樣東西。（約瑟夫・賴西在一九四九年一月三日「新共和雜誌」引用。）

一九四六年九月，史丹諾夫在「蘇聯作家的責任」一篇演講裏說，除了歌頌蘇聯生活方式，和無憐惜、無顧忌地揭發資產階級文化的罪惡外，藝術本身並沒有什麼目的。羣衆不能卽刻看懂的文藝、圖畫、音樂作品，都因「形式主義」而被排斥。一個「形式主義」的作家，就是一個對創造優秀的藝術作品，比宣傳黨的政策和號召更來得熱心的作家。所以「形式主義」是一個資產階級性的錯誤。根據「不順我者卽逆我」的原則，形式主義的藝術家便被稱爲「逆我」——蘇聯藝術「眞精神」的「叛徒」。司丹諾夫的報告發表後，蘇聯藝術界發生了不少整肅的現象：

畫家們都受到警告，不要追隨畢加索、馬的司和立體畫派這些形式主義者。在莫斯科，許多極好的法國印象派的圖畫，都收到地下室去，不讓大衆參觀了。

中央委員會頒佈了一項法令，檢討音樂裏的形式主義，命令所有的音樂工作，全部改變作風，以便蘇聯人民容易了解些……蕭士塔可維支，浦路柯飛也夫，克嘉土里昂這些聞名世界的作曲家，都爲寫了「反民主」、「與蘇聯人民和他們的藝術趣味不合」、「充溢着反映資產階級文化末路的現代歐美資產階級音樂的氣息」的樂曲，而受檢討。莫斯科音樂院院長被免職，克嘉吐里昂被解除蘇聯作曲家協會會長的職務……

在向莫斯科的作家們解釋士丹諾夫的講詞時，蘇聯文學批評家艾哥林強調愛國主義。……他們（蘇聯作家）的責任是要「表現堅強的意志和不折不撓的個性是怎樣發展起來的，一般人民如何克服戰爭帶來的困苦和負擔，創造出偉大的事蹟來，成爲英雄」……命令裏說，詩歌必須滲透了蘇聯的樂觀精神和崇高的理想。悲哀和失望的情緒，個人對愛情和自己命運的感想，都是與蘇聯思想不合的。（約瑟夫・賴西，「新共和雜誌」，一九四九年一月十日。）

因爲人爲的藩籬，使得蘇聯和外面的世界不易通信息，所以要想知道這種二元價值的思想已經對俄國民間的生活發生了多麼深的影響，是一件很難的事。可是從下面幾段故事裏，我們也許可以看到一鱗半爪：

莫斯科（聯合社）——蘇聯的時裝專家今日得悉，創造「不依賴西方資本主義國家大街上腐化趣味」的服裝式樣，已經時機成熟了。社交欄作家童司開克在「莫斯科布爾雪維克」裏，號召時裝專家「開始努力創造簡單美觀，適合蘇聯人民日漸增加的文化需要」的衣服式樣。（紐約「先鋒論壇報」，一九四八年十二月二十九日。）

「蘇聯藝術」（蘇聯藝術委員會的官方刋物，）上星期發表了一篇關於馬戲團情況的報告，說道：『惟有盡情揭露蘇聯馬戲圈中外來的資產階級傾向，蘇聯馬戲藝術才能成功新興的藝術，眞正表現我們偉大祖國的力量。』馬戲團的經理人被批評爲：「想用空洞的形式主義的贗品，代替有思想、有目的、樂觀而健康的蘇聯馬戲。」

「西方的小丑受攻擊最力。那篇文章特別攻擊著名的小丑佛拉脫尼亞爲『反動，資產階級性的（小丑）滑稽胡鬧劇的典型代表。』一個最近贊賞過他們的俄國批評家，也受了最嚴厲的檢討，因爲他沒有能暴露西方的丑角主義是代表什麼思想。」（「時代雜誌」，一九四九年三月十四日。）

## 自搬石頭自絆脚

二元價值的思想，在美國絕不是沒有。倘若讓它自然地演變下去，最後產生的結果，從任何人道主義的觀點上看來，一定會是非常可怕的。但是從某一個可稱爲技術的觀點上看來，我們所以要反對這種看法，另外還有一個更重要的理由，那就是以二元價值觀點爲基礎的行動，很少有能達到它的目的。在第一次世界大戰時，有些暴徒攻擊不贊成參戰的和平主義者或宗教團體，用武力強迫他們和國旗接吻，這種人不但沒有能增進國防，反倒使那些少數人的團體憤慨異常，因此反而損害了國家的實力。許多「頑固的犯人」所以會變得頑固，也往往是因爲二元價值的社會和警察，逼得他們不能不如此。總之，二元價值觀點衹能產生戰鬥的精神，別的什麼也不行。除非我們是以戰爭爲目的，否則在這種看法的領導下，我們最後達到的結果，總不免會和原來的目的相反。

但是有些演說家和報紙上的社論作家還是非常愛用粗率單純的二元價值觀點，雖然他們口頭上說是爲了和平、繁榮、好政府和其他值得讚美的緣故。這些社評家和演說家所以要這樣做，是不是因爲他們此外就不知道更好的觀點了呢？還是因爲他們如此輕視他們的讀者或聽衆，竟覺得「犯不着說話細巧」？另外一個可能是他們說的都是眞心話，就像有些醫生，一聽到「醫藥社會化」就盲目地反對一樣，他們一想到有些惱恨的問題，就禁不住發生二元價值的反應。還有一個想起來雖然不甚愉快，在許多情形下都是非常可能的解釋，那就是一切二元價值的喧嘈和誇張的辭令，都是一種矇蔽大衆耳目，使他們不注意更切身問題的方法。這種情形在現代社會——特別是國際政治上——多得不勝枚擧，讀者只要留心注意一下，隨時隨地都可以看到。

## 多元價值觀點

除了吵嘴和激烈爭論時外，一般日常語言中表示出來的觀點，可以叫做多元價值觀點。我們不但說「好」和「壞」，而且還說「很壞」、「不壞」、「還好」、「很好」，不但說「健全」和「不健全」，而且還說「甚爲健全」、「夠健全」、「有些神經病」、「神經病」、「差不多瘋狂」、「瘋狂」。倘若我們只有兩種價值，譬如說「守法」和「違犯法律」，那末我們對於一件法律上的案件，就只有兩種行動方法可以隨便採取：守法者釋放，違法者——讓我們假定說——處死刑。在這種安排下，一個看見了十字路口亮着紅燈還要闖過街去的人，當然就和殺人犯一樣，算做「違犯法律者」，要受同樣的刑罰。這一點粗看起來也許好像不近情理，但是我們只要記得中世紀審訊「異教徒」時，凡是「正統」的都釋放，「異教徒」都處死刑，以致許多雖然信奉上帝，但是因爲對基督教過份熱心而在教義上略犯錯誤的人，竟和不信教及褻瀆教會的人，一樣地被燒成焦炭這件事實，就可以明白這情形了。可是當我們發現了各種過失有程度上的不同時，我們就有其他可能的對付方法了：稍微違犯了一點交通規則，只要罰一塊錢就夠了；游蕩，監禁十日；走私，監禁兩年至五年；重大的竊案，判徒刑五年至十五年——那就是說，只要我們知道有多少種不同程度的罪過，就有多少種不同程度的刑罰。

區別越精細，我們所能想到的行動方式也就更多。這就是說，對於人生中許多複雜的情形，我們也就更有作合適的反應的能力了。做醫生的並不只把所有的人都分爲「健康」和「生病」兩類而已。他能夠把無數可以叫做「生病」的情況分辨開來，並且有無數簡單和複雜的診療法。但是在原始民族中，無論你生的什麼病，巫醫總只能爲你唱一支歌，跳一隻舞。

然而我們上面已經講過，二元價值觀點根本是建築在一個單純的興趣上面的。可是人類有許多興趣：他們要吃飯、睡眠、交朋友、出版書籍、出賣不動產、造橋、聽音樂、維持和平、克服疾病。這些慾望中有的比較強些。因此人生中便不斷地發生把一組慾望和另一組慾望衡量，從中選擇的問題：「我想要這筆錢，但是我覺得我更想要那輛汽車。」「我想開除那些罷工的人，但是我覺得服從勞工局更爲重要。」「我不願站着排隊買戲票，但是我眞想看那場戲。」要衡量文明生活中的各種複雜的慾望，我們需要一個日益精細的價值率和遠大的眼光，以免因爲要滿足一個慾望而阻礙了別的，甚至更重要的慾望。這個用兩個以上的價值來觀察事物的能力，可以叫做多元價值觀點。

## 多元價值觀點與民主政體

當然，差不多在一切有理性，或甚至稍有理性的公開討論中，我們都可以看得出多元價值觀點來。在美國，許多說話負責的報紙編輯和名譽良好的雜誌作家，差不多全都是不用單純的二元價值觀點的。他們或許會罵共產主義，可是他們同時也想了解共產黨爲什麼這樣行動？他們可能非難另一個強國的行動，可是他們並沒有忘記他們應該注意，美國的行動會不會在某種程度上刺激了該國，使得該國採取某種行動。他們可能攻擊一個政府，但是他們並沒有忘了那政府積極的成就。有些作家避免用「魔鬼」、「純善」、「純惡」這些字眼。他們所以說話如此小心，究竟是爲了要公正，還是爲了沒有把握，我們在這裏無需過問。重要的是因爲他們言論謹愼，所以排解爭論，調停利害衝突，獲得公正估計的機會，不致就此斷絕。有些人反對這種「猶疑不決」的態度，堅持要「乾脆說是或不是」。他們是「快刀斬亂麻的人」結頭固然給他們解開了，可是那根繩子也沒有用了。

實在說來，民主過程中許多的特性，都以多元價值觀點爲前提，甚至那個最古老的法律手續請陪審員決定被告「有罪」或「無罪」——表面看來雖然那像二元價值性，事實上却不盡然。因爲在決定被告的罪名時，陪審員們得從許多可能中揀選一個，而且在陪審員的決定和法官的宣判中，這罪名往往可因「其情可恕」而減輕。現代的行政裁判會和仲裁局，沒有明白宣判「有罪」或「無罪」的責任，而以調查和仲裁爲主，所以比陪審制更有多元價值性，在有些事情上比陪審制度有效得多。

再舉一個例子吧，很少有幾個法案，在有民主的議會中通過時，會和它們被提出時一模一樣的。正反兩方得爭來辯去，討價還價，互相妥協，經過這樣一個步驟，他們所作的決定就可能比原來的提案更容易適應社會上大多數人的需要。一個民主政體越發達，它的價值觀點越富於伸縮性，也愈能調劑人民間衝突的慾望。

科學上用的語言就更有多元價值性了。對於氣候，我們不僅說冷和熱而已，還得按照一個固定的、大家同意的比率說明度數——華氏二十度，攝氏三十七度等。對於能力，我們不僅說「強」和「弱」而已，還得用「馬力」、「電壓」計算。對於速度，我們不僅說「快」或「慢」，而且還可以每小時多少里，每秒鐘多少尺計算。所以我們的答案不止兩個或甚至好幾個，只要一用數目字，我們的答案便能有無窮。因此，我們可以說科學上用的語言是給人一種無窮元價值觀點的。科學有無窮的方法，能使人按照目前實在的情況，調整自己行爲，因此它能進展迅速、成就偉大。

## 一元價值觀點和修辭學

我們雖然已經說了許多話，推舉多元價值觀點和無窮價值觀點，可是我們無論如何不能忽略，在**表達感情**時，二元價值觀點幾乎是無法避免的，因爲它有深切的「感情」眞理。所以我們在表現強烈的感情，特別是在掙扎時請人同情、憐憫或援助的言詞中，總採用二元價值觀點：「撲滅肺癆病」，

「消滅貧民區，建設××市」，「反對貪污，擁護改革法案」，語氣越是激昂，一切事物便越加清清楚楚地排列爲「好的」和「壞的」兩類。

因此，二元價值觀點差不多總是以表現情感——也就是說，說話和寫作中感動性的成份——的姿態出現。要表現強有力的感情，或者使冷漠的聽衆發生興趣，而不使他們感覺到一個強烈的對比，簡直就是不可能的事，因此每一個想促進一項運動的人，總會在他的文章中某些地方，露出二元價值觀點的痕跡來。然而，我們同時也會發覺，在任何一篇文章裏，倘若作者認眞想說明他心目中的眞理，這二元價值觀點總是有限度的。——就像上面解釋的一樣，作者有時候會說明，好的爲什麼好，壞的爲什麼壞；有時候，他也會附加一番解釋，指出這些問題有用什麼多元價值觀點研究的可能。

總之，二元價值觀點可以比喻爲一把槳。在原始的航行方法中，它能同時用來發動和駕駛。在文明生活中，二元價值觀點也許仍是發動的工具，因爲它有傳達感情的力量，能引起興趣。但是把我們載到目的地的駕駛工具，却是多元價值觀點或無窮價值觀點。

## 辯論時應引爲警誡的幾點

在許多場合下，二元價值觀點能使我們的思想發生嚴重的混亂現象。其中主要場合之一，就是爭論。假若有一個辯論的人抱着二元價值觀點，相信民主黨「完全好」，共和黨「完全壞」，他就會不知不覺地把對方迫到相反的地位去，硬說民主黨「完全壞」，共和黨「完全好」。如果我們和這樣的一個人辯論，我們簡直無法不採取和他同樣偏激的態度。荷爾姆斯在他的「早餐桌上的專制君主」一書裏，講到「爭論中水流靜止的怪現象」，把這件事實描寫得十分透澈。

「你不知道那是什麼意思嗎？——好的，我告訴你吧！你知道，假若你有一根彎的管子，一頭祇有細鐵管那麼粗，一頭大得容得下一個海洋；這一頭的水平一定會和另外一頭一樣高低。爭論也是這樣的，使笨人和聰明人成爲平等。——而且笨人很知道這一點。」

凡是可能會產生這種「平等」現象的爭辯，當然不過是浪費時間。這種討論最可笑的例子，就是在許多地方，許多中學和大學裏開的辯論會。在這種辯論會裏，「正」「反」兩方面都以誇張自己的主張和藐視對方的主張爲主要的工作；因此，雙方對壘的結果，往往對於知識無大益處。究竟那一方面辯論得勝，祇得以說話技巧如何，辯論員的態度好不好等無關緊要的各點來決定。我們後面就可以看到，無論在國會或議會裡，眞正的討論都並不眞在會場上進行的。在會場裏演講的主要目的，是爲着坐在家裏的投票者，並不是給別的立法者聽的。一個政府主要的工作是在各個沒有任何傳統的辯論氣氛的委員會會議室裏做成的。在各個委員會中的立法者，沒有堅持「正」或「反」的必要，所以能研究問題，調查事實，在兩個可能的極端中間，找得能行得通的結論。在訓練學生成爲一個民主國家的國民時，要他們參加一個調查委員會，和在裏面作證的練習，似乎比要他們照中世紀學院裏的方法，以辯論決「勝負」，要來得合適些。

在日常談話中，多數人都應該注意自己是不是也有二元價值觀點。在一個競爭性的社會裏，會話常常是一個無形的戰場。在那裏，我們經常（並且不知不覺地）想設法獲得勝利——顯露別人的錯誤，揭發他的無知，讓他（和其他在場的人）看到我們的學識和邏輯是何等優越。在大多數人（尤其是大學和職業集團裏的心理，這種「掙面子」的習慣，已經生了很深的根。每一個文人的鷄尾酒會和知識份子的集會中，到場的人往往不免一番舌戰，就像是餘興的一部份似的。在這些集團裏，多數人已經對舌戰非常習慣了，簡直很少有為對方說話太兇而生氣的。雖然如此，他們仍然將許多可以用來交換有益的知識和意見的寶貴光陰，浪費在爭論上了。這些想找機會爭論、愛拌嘴的人的心裏，總免不了有一個不知不覺的方便的假定，那就是，一番話不是「對」，就是「不對」的。

要想從談話（和其他交換意見的方式）中得到最大的好處，有一個重要的方法，那就是下面所說的，有系統地應用多元價值觀點的方法。與其假定一句話是「眞」或「假」的，我們應當假定它眞理價值是在百分之零和百分之一百之間。譬如說，我們對勞工同情，有人却告訴我們：「工會是流氓組織。」我們立刻就會感覺到一個衝動，想要乾脆回答他：「不，它們並不如此。」這樣一來，一場舌戰開始了。這句話顯然地不是百分之零（「沒有一個工會是流氓組織」），也不是百分之一百（「所有的工會都是流氓組織」）。我們不如先暗暗地給它百分之一的眞理價值試試看，（「一百個工會有一個是流氓組織」），並且請說者再多告訴我們一些。如果他之所以說這句話，祇是因為他彷彿記得，有人在報上某一欄裏曾經這樣講過，那麼他不久就要說不出來，我們也不用再理睬他了。但是，如果他眞的親身經歷過工會的流氓行為——那怕祇有一次——，即使他把個人的經歷誇張成普遍的現象了，他所說的也還是相當有根據的事。若是我們很同情地聽他談話，下面幾件事就可能發生：

（一）我們可能學到一些以前從來不知道的東西，雖然不放棄自己對工會的同情，我們至少可以稍微變更自己的看法，對工會的缺點和優點都能有比較淸楚的認識。

（二）他可能把話說得和緩一點，自己承認道：「當然囉，我並沒有接觸過許多工會。」還有，假使他能儘量地用具體的例子描寫自己對工會的經驗，他也許會發覺，除了「流氓行爲」這一個名詞外，還有別的更適合事實的名詞。這樣下去，他也許就能逐漸地修改他的批評，使得它比較容易被人接受些。

（三）由於請他和他們交換意見的結果，大家便成爲朋友，能互相交換意見了。我們將來再向他發表意見時，他也許總會願意聽了。

（四）雙方都可能從這次談話得到益處。

用這些方法談話，能使我們的社交來往成爲我們上面所說的「集合知識」的場合。根據「或然率的邏輯」（科學思想的重要工具之一），就連「太陽明天再上昇」這麼一句話，也含有百分之一中無限小部份的眞理。在我們日常生活的語言中——即使是建立在粗心的推論和草率、概括的看法上的語言，——我們也往往可以發現一些眞理。能夠從別人所說的一大堆無聊話，甚至顯然偏窄無知的話裏，找出一星星意思來，就是學習，假若別人肯同樣忍耐地從我們的一大堆無聊話裏找出意思來，他也可以從我們學到一些東西。文明生活的基本條件，就是要我們不但肯教人，而且肯學習。不立刻作反應，而說：「請再多告訴我些」，然後**先聽別人說了**，**再作反應**——能夠這樣做，就是能將本書中提到過幾個重要的原則，應用到實際上去了。這些原則是：沒有一句話，連我們自己的話在內，能把任何一件事物完全說清楚的；在我們作反應之前，一切推論（譬如說，我們一聽到有人罵工會，就認定他是勞工之敵）都該先經過一番考驗；對於民主討論和人類合作，多元價值觀點是必需的。

## 觀點和邏輯

上面所說的關於二元價值觀點的評語，不能解釋爲有應用到二元價值的邏輯上去的意思。普通的邏輯，譬如說，我們在算學裏用的邏輯，是嚴格地二元價值性的。在算術裏，二加二等於四，這是「對」的答案，其他答案都是「錯」的。幾何上的許多例證，都是根據所謂「間接證明」的。要證明一個公式，你得先從它相反的公式着手，假定它是「眞」的，一直到你算出了它祇能得到完全相反的結論爲止。這樣你就能有一個「反證」，證明那相反的公式是「錯」的，因此原來的公式便是「對」的了。這也是一個實際應用二元價值邏輯的例子。（請讀者注意：——作者本人並沒有反對算術或幾何的意思。）

邏輯是一套**使說話時前後一致**的規則。當我們「合邏輯」時，我們說的話是前後一致的。它們也許是正確的地圖，代表眞的「地域」，也許不是；但是它們究竟是否如此，**不屬於邏輯範圍以內**。邏輯是討論語言的語言，並不是討論物品或事件的語言。兩升石彈子加兩升牛奶那並不變成四升的混合物，但是這件事實並不影響「二加二等於四」這個公式的「眞實性」，因爲這句話祇不過說「四」是「二加二的總和」的名字而已。對於「二加二等於四」這樣一個公式，我們可以問一個二元價值的問題：「對的還是錯的？」——意思就是說，它是不是和我們系統中其他的部份符合？倘如我們接受了它，我們能不能說得圓通，而不至於最後自相矛盾呢？當做一套建立推論的規則用，二元價值邏輯是從語言的混沌中創造秩序的可能工具之一。對於大多數的數學家，當然是不可少的。

在有些推論的區域，有幾羣特別的人羣中，把語言「整頓」一下，使它能像數學那麼清楚，而沒有含糊之處，確實是可能的事。在這種情形下，也許可以大家同意叫某些動物爲「貓」，某種政體爲「民主」，某種氣體爲「氦」，而且對於什麼不叫「貓」、「民主」或「氦」，也許也可以得到明顯的協定。傳統的亞里斯多德或邏輯中的二元價值規則——「一樣東西不是貓就是非貓」，和亞里斯多德的「同一律」——「一隻貓是一隻貓」——，祇要當做在一個人的字彙裏創造和維持秩序的方法解釋，就顯得很有意義了。它們可以譯成：「爲了要互相了解，我們必須決定究竟稱虎貓爲『貓』，還是『非貓』。同意怎樣稱呼它後，就固定不要再變動。」

這種協定當然並沒有完全解決用什麼名字稱呼什麼東西的問題，它們也並不保證照邏輯推測得來的公式一定可靠。換句話說，定義一些也不能解釋什麼，它們祇能描寫（而且常常指定）別人的語言習慣。（請參看本書第十章）。因此，卽使我們對於什麼叫「貓」，什麼不叫「貓」，已經有了極嚴格的協定，我們用邏輯方法推測得來的，關於貓的看法，在考察實際的虎貓、灰貓、或毬毛貓的時候，仍然可能證明是不對的。

貓是咪咪地叫的動物。

虎貓、灰貓和毯毛貓都是貓。

所以虎貓、灰貓和毯毛貓咪咪地叫。

但是，倘如毯毛貓喉嚨痛了，不能咪咪地叫，那就怎麼辦呢？內向的貓（定義上的貓，不論我們的定義是「咪咪地叫的動物」，或是別的）並不等於外向的貓（毯毛貓，四月十六日下午二時）。每一隻貓都和別的貓不同，像母牛阿花一樣，每隻貓都是一個變動不停的過程。因此，要想擔保用邏輯方法得到的推論，一定準確，並且單靠邏輯方法得到協定，祇有完全不談論眞的貓，而祇談論定義中的貓一個方法。定義裏的貓有一點好處，不管天翻地覆，她們永遠咪咪地叫。（雖然實在祇是在定義裏咪咪地叫。）

這個原則，在數學上大家都知道得很清楚。數學的「點」（有地位却不佔空間）和圓圈（一個密圍起來的圖形，從圖形上到中心的距離在任何一點上都是一樣）祇在定義上存在。實在的點總得佔些空間，實在的圓圈從來沒有完全圓的。因此，愛因斯坦說：「數學定律一牽涉到現實，就不確定；假若確定，便和現實無關。」因此，就是在像化學這樣一門，內部字彙經過嚴格「整頓」過的學問裏，用邏輯方法求得的公式，仍然一定得和實際觀察對照才行。這就是那條關於外向觀點的規則——貓$_1$不是貓$_2$——爲什麼會如此重要的理由之一。無論怎樣小心地解釋「貓」這個字，無論我們的思想多麼合乎邏輯，我們仍然非得要考察實際的貓不可。

許多人都盲目地相信邏輯能減少人類間不少誤解。雖然根據共同的經驗，我們都知道，以合乎邏輯自誇的人，往往是熟識人中最不容易相處的。祇有像在數學裏或科學這種學問裏，大家對於語言所代表的事物，都已經有先決的、嚴謹的協議，用邏輯得來的結論才能得大家同意。但是在我們的朋友、事業上來往的人和偶然相識的人之間——有的是天主教徒，有的是基督教徒，有的是科學家，有的是神秘主義的感情用事的人，有的是運動迷，有的除了賺錢外什麼也沒有興趣——大家祇有極其模糊的語言上的協議存在。因此在平常的會話裏，我們一面和人家談論，一面得學他們用的字。即使自己並不覺得。一般聰明而機敏的人却都是這樣做的。

因此，從大體上講來，除了在數學和別的已經有，或者能夠造成，清晰的語言協議的學問裏，我們並不勸人研究和實習傳統的二元價值的邏輯（註）。在日常生活中，專門依靠二元價值的邏輯，就會很快地造成二元價值觀點。這件事會產生什麼結果，我們前面已經談到過了。

註：有一點有興趣的事，可以值得我們注意。那就是，即使在數學裏，現在也已經有人強調二元價值邏輯，祇是許多可能的邏輯制度之一了。保險公司用來決定保險費，書商用來決定盈虧的機會，物理學家用來預定中子行動的「或然邏輯」，就可以說是無窮價值邏輯。

# 第十四章　一團糟

（黑猩猩約西發言道：）「不管你們人類把東西叫什麼名字，我們黑猩猩還是照樣享受生活。對於人可就不同了……你們這些不關在籠子裡的靈長類動物把東西叫了什麼名字，以後就一生都會受它們影響。你們看不清楚事情，因為你們在自己和現實的世界間，建立了一個語言的屏障。」

——羅斯·黑須柏格

每一個成人哀傷的號泣，
每一個嬰兒驚惶的悲啼，
每一個人聲，每一種禁令，
都響着人為桎梏的聲音。

——威廉·布萊克

## 交換知識、消息、意見的自由

我們在美國的人，享受着的言論和出版自由，決不亞於世界上任何別的地方，因此常常會忘記書籍、新聞、教育等傳佈知識的工具，從前曾經有一段很長的時期，被認爲是珍貴得不能隨便分給平民的商品。在有許多國家裏，現在還是如此。古今一切專制政權，都有一個基本的假定，認爲統制者對於什麼事能裨益人民，知道得最最清楚。一般人民祇許有統治者認可的知識。一直到不久以前，祇有特權階級才能享受教育。一般「最高等的人士」，從前一聽到「普及教育」就要害怕，正如他們現在懼怕共產黨一樣。在新聞事業剛萌芽的時期，報紙是得私運的，因爲政府不願讓它們存在。從前每出一本書籍，必須先得官方認可。言論和出版自由所以會和民主政治密切地連在一起，書報的審查和禁止所以會和暴君及獨裁者不可分離，並不是偶然的事。

長期抑制一般人民的知識，在任何一個國家裡，都很少有能完全成功的。爲了自己的福利和生存，我們人類總是想儘量地從別人獲得知識，又儘量地把我們認爲有價值的知識，竭力傳佈給別人。即使在最嚴厲的專制政治下，有幾種「地下」的通信方式仍然繼續存在。執政者和貴族固然能得到暫時的勝利，可是至少在過去三四年中，除了爲着軍事和政治的理由，有過一期一期的新聞書籍檢查外，一般人獲得知識的機會似乎是在不斷地增加。在美國這樣的一個國家裏，普及教育和出版自由的原則很少有人公開疑問。在演講以前，我們用不着先把草稿送給公安局看過。除非考慮到軍事安全，我們用不着先得政府機關許可，就能自行發表新聞和科學論文。電力印刷機，比以前便宜的印書方法，公用的流通圖書館，以及各種繁複的索引和引證制度，可以使讀者有很快地找到差不多任何他所想要的知識。

靠着這種種工具，我們現在不但可以依賴自己的經驗，並且同時也可以利用別人的經驗了。

然而，我們不能忘記，在溝通知識的工業裡，技術上的進步可以幫助，也可以損害交換知識的自由。它們究竟是對自己有益，還是有害，得隨控制這種工業的政治和經濟勢力的性質如何而定。從文藝復興以來，印刷術的發明對於歐洲人民思想的解放，無疑地有過很大的功勞。在每一個政治運動裏，寫小册子傳佈新思想的人都佔極重要的地位。民主國家裏出版自由的傳統，就是從前小册子還很通行，「新聞界」還祇是許多小印刷廠裡編印成的小報紙的時候，所建立起來的主要原則。現在還常常有人爭辯道，在大都會裏開一家日報，需要很大的款項，因此出版自由就很受限制，祇有極富裕的人才能享受。事實上也的確有一件事實，可以用來作經濟困難能危及出版自由的例子。在第二次世界大戰剛結束後，政府停止了戰時白報紙的配給，大部份白報紙都被大報館搜羅去了，上千的小週報和特殊性的報章，都因缺乏紙張而陷入停閉的危險。再有，無線電雖是效率驚人的一個溝通知識的工具，但是我們收聽到的週率的數目有限，而且有些電台又容易被聯合起來，形成一個全國性的播音網，所以在許多溝通知識的工具中，無線電也就是最容易爲一黨或一個強大的特殊利益團體所集中統制的一個。這一點，那些極權政府都知道。每一種交換知識的媒介物——報紙、無線電、電視、用無線電傳眞的模型報紙等等——對於如何才能接受各種重要的輿論，不偏不倚，都各有不同的問題。除非我們能根據抽象的原則，具體地考慮這些問題，許多重要的輿論可能會永遠不能傳到大衆的耳朵裏。

可是我們在本書中，比較更注意的是：在我們心裏究竟有什麼東西，是普遍交換知識的障碍？主張普及教育的理想家，相信會讀會寫的人一定會比不識字的人聰明，更有理性，更能自治。但是我們現在已經開始看到了，僅僅識字是不夠的。美國每一家藥房裏的紙架上，都陳列着一堆專門爲低能的人看的文學，在多數小城鎭裡，除了藥房外，沒有別的地方可以購置讀物。還有，普及教育免不了使我們用的字變得抽象一些，因此識字人的愚妄，也會比不識字人的愚妄更複雜，更難對付。我們上面已經看到過，交換知識的迅速和便利，往往反使愚妄的行爲傳佈得更快。所以普遍識字已經帶來新的特殊的問題。

因爲言辭是如此強而有力的一個工具，所以我們往往祇是迷信地畏懼它們，而不能了解它們。就是對言辭沒有畏懼的人，也免不了有過份看重它們的傾向。譬如說，假若在開會時，聽衆裏有人向演講者問一個問題，演講者並不直接答覆，反倒講了很久似是而非的話，有時候問的人和講的人都會忘了那問題並沒有解答，反倒十分滿意地坐下去了。這就表明，有些人祇要聽見一番相當動聽的好話，就覺得有道理，因此便欣然接受，有時甚至牢記在心，再也不追問它是否已經回答了一個疑問，或者解決了一個問題。

許多狡猾的演講家和現實主義的傳教士，無疑的已經自動發現了，倘若有問你一個不能回答的問題，你只要說一番動聽的好話，就可以混得過去的一個秘密。譬如說，對於一般宦海浮沉，人事糾紛的現象，普通人常常只以「弄政治」一語了之，不再深究，似乎只要是「政治」，就不用問是非曲直了。這就是因爲我們太重視言辭，使得語言變成我們和現實間的藩籬，而不再是瞭解現實的指導的緣故。

## 內向觀點（Intensional Orientation）

在前面幾章裡，我們分析了幾種錯誤的估價法。這幾種方法，只要用一個名詞就可以包括進去：內向觀點——也就是說，只根據言辭，而不根據言辭所代表的事實行動的習慣。我們都有一種傾向，認爲每逢教授、作家、政客或其他位居顯要的人士開口說話時，他們所講的話，一定都是有意思的。因爲言辭不但有說明性含義，而且還有感動性含義，能喚起我們的情感。當我們自己開口時，我們就更可能會有那樣的幻想了。溫德爾・約翰遜說得好：「每一個人都是他自己最全神貫注，深爲感動的聽衆。」這種把有意思的話和沒有意思的話混淆起來的結果，是「地圖」一張張地堆積起來，而實在的「地域」如何，反倒不問。在生活的過程中，我們儘可以把一套套無意義的聲音成套的堆積起來，整天自鳴得意，而對於這些言辭實在和現實毫無關係這回事，反倒一些也不知道。

內向觀點是一個很抽象、概括的名詞，包含許多前面已經指出來過的、比較具體的錯誤：不注意前後文；自動反應的傾向，把不同的抽象階層（心裏的和外界的）混爲一談；只注意到相同的地方，而不注意不同的地方；用定義（那就是更多的字）來解釋言辭，就以爲滿意了的習慣。由於內向觀點的作用，「資本家」、「布爾雪維克」、「農民」、「工人」「就是」我們所說的那樣的人；美國

「是」一個民主國家，因爲大家都那樣講；「不信神的人一定品行不好」，因爲不怕上帝的人「不可能有好的行爲」。

## 言多必敗

讓我們舉一個名詞，比方說，「上敎堂的人」（甲、乙、丙、丁……各個相當有規律地做禮拜的份子）來做例子吧。這名詞本身，對於「上敎堂的人」的性格，一點兒也沒有提起。他對孩子們慈愛不慈愛呢？他的家庭生活快不快活？他做生意時誠實不誠實？這個名詞可以應用到許多人的身上：有的好，有的壞，有的窮，有的富……然而這個名詞的內向意義，（或者含義），却又是一回事。「上敎堂的人」含有「好的基督徒」的意思。「好的基督徒」含有對妻子和家庭忠實，對孩子們慈愛，做生意誠實，生活習慣有節制，和其他許多值得贊美的性格。根據二元價値觀點，這些意思又包括了凡是不上敎堂的人，可能就沒有這些好性格的意思。

因此，假若我們有嚴重的內向觀點的話，我們就能從「上敎堂的人」這個名詞的說明性和感動性含義中，創造出整套的言辭和概念來，描寫上敎堂的好人，和不上敎堂的壞人。也就是說，一個名詞到手之後，我們就可以從一個含義進到另一個含義，永無止境地發展下去。這張地圖便和地域脫節了，我們雖然已經把該區內眞正有的山脈和河流都畫了出來，卻還能另外再塡入山脈和河流。這個現象一開始以後，我們就能根據「上敎堂的人」這名詞，做出洋洋大篇的論文、證道、書籍……甚至哲學系統，對於眞的個人之甲、乙、丙、丁……反倒一些不管。

同樣地，每當國慶日在任何一個國家裡，任何一個演講本國文化傳統的人，都能一談好幾個鐘點，把自己的文化捧得什麼似的，別國的罵得一錢不値，以博聽衆喝采。當他們高談濶論的時候，自由的聯想（從一個字談到另一個字，從另一個字再談到別的字……）可以不斷地賡續下去，無法遏止。這就是爲什麼世界上有那麼許多我們稱爲「大砲」的人。這就是爲什麼許多演說家、報紙專欄作者、畢業典禮日致詞者、政客和中學校裏的雄辯家，一接到通知便能對任何題目講上半天。老實說，許多學校裏的「語文」和「演講」課都只是敎人這種本領——：卽使沒有什麼內容，也需要說得頭頭是道。

這種由內向觀點產生的「思想」，可以叫做「轉圈子式」的思想，因爲一切可能的結論都包括在開始時用的那個字的含義裏，我們無論多麼「苦」思，想得多麼久，結果仍需回到出發點上。事實上，我們簡直就可以說是從來沒有離開過出發點，所以一下面對現實後，我們就當然非常緘默，或者另起爐灶，從新做起不可了。這就是爲什麼在有幾種會議和談話裏，說出事實來是那麼「不客氣」的事。因爲那會使大家都感沒趣。

現在讓我們再囘到「上敎堂的人」去吧。比方有一位張福恩先生（這名字純屬虛構，請勿誤會），有上敎堂的習慣，因此得了「上敎堂的人」這個名稱。可是將他的私生活檢查一下之後，你也許會發現他對社會事業毫不熱心，對子女們殘暴無仁，對太太不忠實，還要吞沒別人委託給他的款項。假若我們慣於根據「上敎堂的人」的內向意義來看張福恩先生，這些事實就會把我們虓一跳。「一個人怎麼能同時上教堂，同時又如此不誠實？」有些人簡直無法解決這個問題。他們因爲不能將內向的「上教堂的人」和外向的現實分開，所以必須在下列三個荒謬的結論中，接受一個：

（一）「這是一個例外」——意思是說「我對上教堂的人的意見並沒有改變，無論你找得出多少例外，上教堂的人永遠是好人。」

（二）「他並沒有這樣壞！這是不可能的！」——那就是爲了避免作答而否認事實。

（三）「我的理想都破滅了，什麼都相信不得了！我對人性的信心全部喪失了。」

內向觀點最嚴重的結果之一，也許就是造成一種毫無根據的，非常容易轉變爲「幻滅」的自信心。對於某種題目，每一個人都免不了有內向觀點。在三十年代時，爲了要解決許多人失業的問題，美國聯邦政府設立了一個「公共事業振興署」，專門僱用失業工人，想出公共工程來給他們做。反對政府的人，輕視這些工程，稱它們爲「硬造出來的工作」，而不是「眞正的工作」——就是指當時的私營工業找不出來給失業工人做的工作。這些反對行政當局的人，虔誠相信：「公共事業振興署的工人從來也不肯眞正做工。」許多有這種信仰的人，和其他迷信自己偏見的人一樣，非常富於陶醉於自己言論中的能力，他們可以每天走過一羣公共事業振興署工人，看他們流着汗造路，造橋，却仍然公開宣稱說：「我從來沒有看到過一個公共事業振興署的工人」眞正做工的。他們不但這樣說，而且心裏也確是這樣相信。許多人對「女人開汽車」的態度，也是這種自己戳瞎自己眼睛的例子。我們許多人每一天都看到女子駕駛汽車，技術十分優良。但是我們依然會誠心誠意地說：「我從來沒有看見過一個眞正會開車的女人。」根據定義，女子們「膽小」，「神經過敏」而且很容易「被嚇壞」，因此她們「不能開車」。假若我們認識的女人中有的已經會開車好多年了，而且開得很好，我們便會一口咬定說：「她們運氣好呀！」或者是，「她們開起車來不像女人。」

上述這些對「上教堂的人」，「公共事業振興署的工人」，「開車的女子」的態度中，有一件重要的事實，我們必須注意：倘若我們沒有先入之見，絕不會有這種錯誤，也決不會如此盲目。這種態度決不是無知的結果；眞的無知就沒有態度。它們是假知識的結果。這種假的知識把我們天生帶來的一點良知都剝奪淨盡了。我們前面已經說過，這些假知識中，一部份是由於我們混淆了抽象階層，和有了前面幾章裡所描寫的其他各種錯誤的估價方法而爲自己製造出來的；一大部份却完全是由我們大家都有講話太多的習慣而造成的。

事實上，許多人確實是永遠在一個「惡性循環」裡生活，爲了有內向觀點，他們就發言太多；發言太多的結果，又加強了他們的內向觀點。他們說話隨便得很，就像許多音樂匣子一樣，一個錢幣放進去，立刻就會大響個不停。有了這種習慣後，我們就可能會把自己說得糊裏糊塗因而產生不健全的態度。不但對於「女子開車」、「上海人」、「資本家」、「銀行家」、和「工會」如此，就是對於我們個人的問題：「母親」、「親戚」、「金錢」、「人望」、「成功」、「失敗」——尤其是「戀愛」和「性」——也會如此。

## 內向觀點的外在來源

除了我們自己的習慣外，還有外來的語言影響，也能增加我們的內向觀點。在這些影響中，此地祇討論三個：教育、流行的小說和廣告。

（一），教育：教育眞正的任務有二：第一、它應該給我們許多關於在我們周圍的世界的知識——那就是說，把語言當作說明用。然而教育另外還有一個更重要的任務：教導理想，「形成個性」——也就是說，把語言當作指示用，使學生能遵守他們社會裡的習慣和傳統。爲了要起指示的作用，所以學校要教學生們民主政治的原理——民主政治應該如何實行。但是常常有些學校不能適當地盡它們的說明任務，那就是說，它們有時沒有能告訴學生，民主政治究竟是怎麼一回事：選舉某些官員時有沒有某種勢力在操縱；人民的意志怎樣會有時候屈居於商業、勞工或農民的利益之下；有些法案的命運，怎樣並不由於本身的價值，而是由於議會中「互相標榜」的過程（你投我的法案一票，我就投你法案一票）來決定的。就像性的問題一樣，這些題目往往被認爲不應在易受影響的「青年人」前面討論。

還有，美國學校裏祇教學生應該怎樣說「好英文」，難得有人肯費事描寫眞的英文究竟是什麼模樣的。至少在許多老派的學校裏，文法已變成完全命令式的東西，和眞正寫的和說的英文沒有什麼關係。事實上，許多先生因爲長期地受了什麼永遠——不論在什麼情形下——是對的，什麼永遠——不論在什麼情形下——是不對的，那些二元價值規則的管制，又太專心致力於使學生服從不合實際的文法條例，所以老早就已經遺忘語言眞實的目的了。就是這種老師，才會使學生們得到一個印象，覺得在說話時，唯一重要的事就是文法錯不錯。因爲這個立場顯然是不合理的，所以學生們不理睬這種老師的話，並不是件稀奇的事。

在有幾門科目裏，也許會有大部份的敎育是指示性，而不是說明性的現象。在法律學校的課程裏，我們應該如何執行法律的課程比我們實際上怎樣執行法律的課程來得多。法官胃裏的瘤，他家庭裏的糾紛和他私人的經濟觀點會對他的判斷發生什麼影響，在多半的法律學校裏，都被認爲是不宜討論的題目。每一個國家裏，敎歷史的敎師常常會故意抑制或搪塞本國歷史上丟臉的事實。他們其所以要抑制或搪塞，就是因爲他們心裏害怕，因爲這些事實雖是確實，但是以它們的指示效能而論，却可能會對「易受影響的青年人」起不良的作用。

不幸地，一般教師和學生都沒有把說明性和指示性語言分辯開來的習慣。敎師們上課時說：「我國是世界上最偉大的國家。」「水的成份是氫氣和氧氣合成的。」他們要求學生把這些當做「眞話」，却沒有叫學生分辨這「眞」字的兩種不同的意思。後來學生們發現了老師所說的話，他們有些和他們的經驗符合，有些假若當做說明的言辭分析起來，不是有問題的，就是錯誤的。這就是許多學生特別是中學年齡的學生——爲什麼有一種不安的感覺，覺得敎師在「用繩子牽着他們走」的原因。所以有許多人在沒有成年前便離開學校了。一離開學校後，他們便發覺自己對老師的猜疑是對的，因爲他們既然把學到的指示當作說明的科學化的言辭，自然便會覺得教師「教得不好」。這一種經驗也許是有些人爲什麼會看不起「書獃子想法」的基本理由。在這一點上，教師和學生都有不是。

但是留在學校裏的學生，情形並不一定就好些。由於把指示性和說明性的話，不分清紅皀白地混在一起的結果，他們一入大學，學到了比他們以前所熟習的更切合現實的教育，便感到驚愕、失望。另外有些人在大學四年中，仍然分不清指示性和說明性的言辭。如果他們在大學裏所受的教育也是不切合實際的話，他們原來那種朦朦朧朧的趨向，便會因得到新的滋長而變得更加嚴重。在這種情形下，他們在學校裏讀書的時間越長，便越不能適應現實。指示性言辭的主要成份是「未來地域」地圖。假若根本就沒有一道橋，我們決不能憑着想像中的橋過河而不落到水裏。同樣地，我們也不能希望專以「善必勝惡」，「我國的政體保證人人機會平等」等話爲行動準則的學生，不受到可怕的打擊。這就是爲什麼，在離開大學後最初的十年中，一般人特別容易感到痛苦、失望和惱恨的原因之一。事實上，有些人因爲刺激太深，簡直有終生無法恢復的。

教育當然必須不但是說明性的，而且也必須是指示性的。我們不能單單傳授知識給學生，而不給他們一些「抱負」、「理想」、「目標」，讓他們得了知識後知道怎樣用法。但是我們也須記得，我們不能祇給他們理想，而不給他們實際行動的知識。沒有這種知識，他們甚至不能開始追求自己的理想。學生們說得好，假若祇有知識，就會「枯燥不堪」。然而一遍遍地重覆指示，叫學生們把這些話記住了的結果，祇能產生內向觀點，使學生們不知道怎樣適合實際生活，將來一出了學校後，便容易感到幻滅，變成專發牢騷罵人的人。

（二），流行小說：假若讀者以後再接到一張印好的紙張，告訴他「如何裝置」一個汽車上的無線電，霧裡用的燈，或類似的器械的話，他應該注意到，在閱讀這樣的一個條子時，需要如何專心一致，如何不斷地和外向的事實對照：「這兩根電線，可以根據花線顏色不同，而分辨出來。」我們要檢查一下，是否屬實。「把紅色的正線」——我們找到了那根線——「裝到註着A字的那一端……」。然後，他就應該將這樣的一件閱讀工作，和閱讀「通俗雜誌」裡的流行小說比較。後者簡直不需要集中什麼注意，就能做到。在閱讀這種故事時，我們可以把無線電開得非常響，咀嚼朱古力糖，用腳逗引小貓，甚至和別人斷斷續續地談話，而仍然不會過於分心。這就表明讀普通的流行小說，不需要和現實作任何對照，或者觀察四周的現實，皺着眉頭思想適當的事實。這故事所走的路線，正是已經建立起來的內向觀點的路線，又舒服，又容易。我們上面已經說過了，預定的斷論總會帶來預定的故事，所以這些小說裡的情節，總是根據我國預定的典型的。丈夫偶然冶遊，迷上一個美麗而無情的交際花，但是後來終於又回到妻子的懷抱裡了，「忠實」的太太獲得了最後勝利。他們的小男孩是一個「專會搗亂、頑皮、然而好玩得了不得的小寶貝」；實業鉅子莊重嚴峻，眼睛裡却帶着幾份和善的光芒。這種故事有時也有編得很聰明的，可是除非不得已，它們決不擾亂任何人的內向觀點的。

大規模生產出來的小說，政治論文，書籍和無線電廣播劇，所以要維持內向觀點，有兩個重要的原因。第一，因爲它不費讀者的心神。一般讀者們的目的，究竟不外是解悶。做家主婦的剛把小孩哄得睡熟，做商人的剛在「寫字間忙碌了一整天」，他們已經疲累不堪，不願過問陌生或使人不安的事實了，所以他們祇想看助長幻想的流行小說。（註）

另外一個理由是這種故事容易寫。爲了要滿足市場需要，一個作者每星期得寫好幾千字。我們上面已經說過，一個根據內向出發的演說家，能夠滔滔不絕講上好幾個鐘點。同樣地，一個根據內向出發，以寫小說爲生的作家，也能夠一頁一頁地寫下去。毋需解釋新事實，又毋需注意各種不同的情形。他們最後產生出來的作品，當然便會像紙餐巾一樣，祇能用過一次就丟棄了。所以從來沒有人把流行小說唸上兩遍的。

註：耽溺於這種痲醉的、逃避現實的文學的人，假若偶然不愼，看到一本相當切合實際，對貧窮、疾病或不幸描寫得相當正確的小說，往往覺得非常生氣。他們會問道：「人生中不樂意的事不是已夠多了嗎？爲什麼還要把它們拖到文學裡面來？」

有些讀者也許會問：既然很少有人把這種故事當眞，又爲什麼要理會它們呢？原因是，我們雖然也許並不把這些故事當眞，我們腦子裏的內向觀點却早已因爲廢話太多而形成了，所以一讀這些小說，便會變得更深，雖然我們讀的時候自己並不覺得。內向觀點過多，會使我們看不清四周的現實，這一點我們千萬不能忘了。

（三）廣告術：對於造成內向觀點，罪惡最大的，也許是我們現在做的廣告。廣告的根本目的，是要把產品、價格、新的發明和特別大減價通知社會，這簡直沒有可以非議的地方。這種通知所傳給我們的知識，正是我們所需要的，而且也是我們很願意接受的。但是好久以來，廣告已經不僅止於給人必需的知識了，特別在大規模的廣告運動中，它的主要目的已經變成儘量地在讀者的心裏造成自動的反應。也就是說，大廣告商最希望，我們一跑進飲冰室去，就自動地要可口可樂，一覺得不舒服，就自動地要阿司匹靈，一下想抽煙，就自動地要吉士牌。造成這種自動反應的方法，當然是給牌子的名字上影射健康、財富、社會地位、家庭樂趣、羅曼史、人望、時髦和美觀等等人人喜歡的感動性含義，使我們心裏對牌子的名詞發出內向觀點。

假若你要情場得意，就試試這種文雅的方法……因為這是一個美得魅人的方法，溫柔，使人迷醉！……你一定會直覺地喜歡「佛羅那」牌香皂這種高貴的氣息……這是男子愛好的香味。用這種細微的、使人皮膚光潔的肥皂沫，擦遍你身上每一個角落……當「佛羅那」香皂精美的香味和你的感覺接吻時，激動得發抖吧！變成光艷奪目的人吧！

廣告商更進一步促進內向的心理習慣的方法，就是在文字上賣弄玄虛。有的廣告利用聯想：

猛虎一吼　萬山振動

「虎標頭痛粉」不僅立止頭痛，包你

週身清快　振作奮發

有的從比較平凡的字眼，轉到非常能吸引人的字眼：

節省開支等於增加收入

用強力水火爐可以節省金錢、時間、地方。

　　即踏上一條財路

　　　一條財路

有的利用含糊的字眼：

　　止咳立刻奏效

　英國雅農氏治咳水　主治

　　各種咳嗽，感冒傷風，支氣管炎，肺喉

　　　疼痛

　　鎭靜寧神　均奏奇效。

　　這種用文字「魅人」的廣告術成功了，產生了內向觀點後，我們便會認爲用「佛羅那」香皂洗臉，確是一種快樂非凡的經驗；用某種牙膏刷牙，確可討老闆喜歡，得女友歡心。吃了一些沒有什麼用處的藥，自命是服了萬應秘方。吸了某種牌子的香煙，便眞覺得自己一登龍門，身價十倍。那就是說，我們每買一瓶頭油，就帶回來好些夢想，每飲一瓶啤酒，便錯以爲自己是貴族要人。

　　總之，廣告術已經成了用言辭征服我們的藝術。許多廣告商寧願僱主們一聽到牌子的名字，就被好的自動反應所左右，而不願給他們考慮這些產品究竟有什麼特徵的機會。在美國，有人曾經出過一本小册子，名叫：「你的麪包和牛油：一個推銷員關於牌子名稱的手册」。其中有一段說，自動反應可以節省「購貨的女太太們和工作過度的店員們很多時間。假若她們指定買一個牌子了，他就用不着再向她推銷，祇要把貨品包紮起來就成了。」換一句話說，推銷員對於貨物的內容，可以和消費者同樣地無知。

事實上，最近幾年裏，替貨品的牌子名稱宣傳的方法，已經昇到一個更高的抽象階層上了。除了宣傳固定的牌子外，現在還有廣告術做廣告的情形。這種爲廣告術作廣告的現象，已經變得日趨普遍，它的目的就是想在我們心裡產生一個假定：祇要一個牌子的名字聽來熟悉，它所代表的出品一定是好的。在各種有系統的、謬誤的社會教育中，比這個更嚴重的例子，簡直就無法想像，因爲它已把內向觀點提高爲消費者生活中最主要的原則。

作者對於廣告本身並不反對。廣告也許是形成一般人日常生活習慣和文化的最大的語言力量之一。它對於一般人的外貌、態度、經濟生活、健康、藝術見解、甚至道德行爲，都有深刻的影響。而且，廣告的根本功效對於商業是不可少的。作者也並不反對宣傳牌子的名稱。就像廣告商所說的一樣，著名的牌子代表許多年認眞地服務和製造，小心翼翼地維持高的水準的結果。一種最好的牌子代表一種極大的可能性——那就是說，它表示某一種貨品有極大的可能性可以令消費者滿意。一般牌子名稱和一般其他的名字一樣，代表各種不同的可能性——那就是說，它們表示名字的含義不一定和事物的本質符合。因此，注意到出品要「配得上名字」的廠家，做了一件極有價値的社會工作，因爲他們在我們經驗的一小角內，幫忙創造了一種眞理價値程度極高的語言：「穿××牌襯衫，包管使你稱心如意。」

我們不贊成廣告的一點，是它促進了讀者對言辭和別的符號的病態反應。由於它廣大普遍的影響，它不但影響到我們選用什麼產品，而且影響到我們評價的標準。它能使人們對於言辭的反應變得更健全些，也能使它變得更不健全些。因此，倘若我們專門利用言辭的感動性含義來吸引讀者，以便推銷貨品，即使我們想要推銷的貨品確實價格便宜，質地優良，也會使流行在社會上，已經非常嚴重了的內向觀點，變得更加嚴重起來。一個生狂妄症的人，往往會覺得言辭、狂思、幻想和「私人的世界」，比周圍的現實更爲眞實。不走歪路，不促進各種狂妄的評價方法，而同時執行商業上必需的任務，想必也是可能的事吧，不知廣告業諸公以爲何如。

情願根據言辭而不情願根據事實，在評價過程上，是一個嚴重的病症，假若我們的投票者中有不少人生了這種毛病，它對我們大家的威脅，至少會像天花流行一樣地嚴重。

# 第十五章　老鼠和人

因此，覺悟到作為我們生命基礎的知識或信仰，是脆弱得多麼可憐後，我們並不絕望，却變得清醒勇敢。可是這種覺悟同時也指出科學方法和自由文明間異常密切的關係。普通人都以為科學衹是一套新教條由一般更新更好的，名叫「科學家」的教士傳授，這種看法是不對的。科學是一種方法，它的基礎是一種對一切都似是而非，顯明膚淺的命題，抱懷疑的態度。它並不想否定這些命題，它衹想知道有什麼證據能夠證明這些命題是對的，其他可能的命題是錯的。這種虛心考慮一切可能的命題，在沒有決定那一個比較理由充份前，先用同樣的邏輯方法把每個命題處理一番的精神，就是藝術上、道德上和政治上的自由主義的精萃。……就像科學一樣，自由主義一定要用懷疑的精神來觀察我們一切信、仰原則或基本假設的內容，繼續不斷地考驗它們，使它們逐漸能夠更穩固地建立在經驗和理智的基礎上。

——毛理斯・R・柯恩

## 「不能決解」的問題

美國密執根大學的馬耶爾教授曾經做過一套將「神經病」傳到老鼠身上的試驗。他先訓練老鼠，教他們從一個小枱上向下面的兩扇門跳。倘若一隻老鼠向右邊跳，那扇門閉住不肯開，它會撞着鼻，跌到一個網裡去。倘若牠向左邊跳，門就開了，牠就得到一碟子食物。到老鼠們對這反應熟諳時，他就把情形改變了，將食物改放在右邊的門後，老鼠們再要想得到報酬，非得向右邊跳不可。倘若有老鼠不能了解這個新制度，每一次跳下去時，不知道自己究竟會找到食物吃，還是撞着鼻子，牠最後就會放棄，不肯再跳了。在這個階段裏，馬耶爾博士說：『許多老鼠寧願餓死，也不肯換一個方向。』

下面一步，就是用一陣陣的風或電力，逼得老鼠們非做決定不可。「那些在『無法解決問題』的情形裏，被逼得非作反應不可的動物，」馬耶爾博士說：「便產生了一種固定反應的習慣（譬如專門向左邊的門跳），不顧環境，一味如此……在這種情況下，牠們所選擇的反應便凝固起來了。……凝固的現象發生後，那動物就失去了在這種情況下，學習適應環境的反應的能力。」當一個向左邊門跳的反應凝固後，右邊的門卽便是開着的，門裏面的食物清清楚楚地看得出來，那隻老鼠一受了壓力後，還是會繼續向左邊跳，而且一次比一次驚惶。倘若作試驗的人還是硬要老鼠作決定的話，那老鼠也許會得痙攣，四邊亂跑，傷了脚爪，撞在椅子和桌上，然後劇烈地發抖，直到昏暈過去爲止。在這種消極的狀態下，牠會拒絕吃，拒絕對任何東西發生興趣，我們可以把牠捲起來成爲一個球，腿上繫了繩子倒掛起來，——牠已經什麼都不在乎了，因爲牠已經有了「神經衰弱症」。

上面所說的老鼠，所以會生神經衰弱症，是因爲牠的問題「不能解決」。馬耶爾博士很小心地暗示着道，許多人所以會生神經衰弱症，也是因爲他們的問題「不能解決」。老鼠和人所經過的階段，似乎相差不多。第一步，在面對着一個特殊問題時，他們都已學到了老是選擇一個固定的步驟的習慣；第二步，發現了情形已經改變，原來的決定不能產生預期的效果時，他們便非常驚震。第三步，不論是由於驚震、焦慮或失望，他們會凝固在原來的決定上，不顧結果，繼續要選擇那條路。第四步，他們發惱了，不肯再作任何行動。第五步，當外界來了壓力，使他們非得選擇一條路不可的時候，他們會再作原來的熟習的決斷，而再碰一下鼻子。最後，卽使是目標已經在眼前，看得出來了，祇需另選一個方向，就能達到，他們却反因失望過甚，而發了瘋。他們四處亂跑，躲在角落煩惱，不肯吃，痛恨一切，嘲罵別人，心灰意懶，對自己的境遇再也不過問了。

這是不是一幅誇張的圖畫呢？以目前的情勢看來，這番描寫似乎並沒有什麼過份的地步。從家庭裡的小悲劇到國際上震撼世界的大悲劇，這一種方式老是在人生中不斷地出現。丈夫有些缺點，妻子就罵他，他的缺點更厲害了，她就更罵他，對於她丈夫缺點的問題，她就像老鼠一樣，被一個固定的反應所操縱，所以祇能用一個方法對付。她繼續如此做得愈久，結果愈壞，直到他們兩個人在神經上吃不消了。他們的婚姻失敗，一世也都完了。

還有一位認爲工人的平均生產額應當增加些的實業家。他也許會在事前沒有和工會職員及店內的帳房妥善協商，徵求他們合作，就硬命令工人們增加生產。當工人們用反對及提出意見的方式——這些反對的理由中有幾條當然是眞心的，有幾種却祇是因爲他們不肯受人脅迫而已——表示他們的反應時，他也許會根據他平時對於一般工會的內向觀點，決定「強硬起來」，讓他們看看「誰是老闆」。這些工人根據他們平時對一般僱主的內向觀點，也許也會認定他要「破壞他們的工會」，所以採取同樣強硬的手段。僱主被激惱了，提出更嚴厲的「效率」條件。僱工也同樣老羞成怒了，就說他想來一個不公平的「加工」，而故意做得慢些。當另一個實業家告訴這位僱主，這個問題也許可以用請工會代表來參加一個勞資聯席會議的方法解決時，他便粗聲地笑道：「不，對這些傢伙絕不能如此。」工會和廠方的行政當局間每多談一次，便爭吵得更兇些，直到雙方都談判不下去，祇得花了許多錢，請律師代爲爭論調停，結果是：在該公司的歷史上，開了生產最少勞工成本最高的紀錄，雙方都「神經受傷」。

此外，一個國家也許會相信，唯一能維持和平和國家尊嚴的辦法，就是建立強大的軍備。這個舉動使得鄰國着急了，也增加起軍備來，結果是戰爭。戰爭結束後，第一個增加軍備的國家就宣稱它得到了一個教訓：從前沒有能保衞和平，是因爲武力不夠強大，所以必需有加倍的軍力。這當然使鄰國加倍地着急了，所以它們也加倍武裝起來。於是又來了一場更大的，流血更多的戰爭。這場戰事完畢後，那個國家又宣佈道：「我們已經得到教訓，我們以後永遠不再犯輕視國防需要的錯誤了。這次我們必須保證能有足夠的武力來維持和平才行。這次我們要使我們的軍力增加三倍。……」

這些例子當然都是故意說得太簡單了的。但是這種惡性循環，可不就是我們對於產生悲劇的條件，所以常常會不能了解，或無法應付的原因？這種格式往往可以看得出來：目標也許已經在眼前，換一換方法就可以達到了。然而因爲被凝固的反應操縱着的緣故，老鼠「不能」得食物，太太「不能」改正丈夫的缺點，勞資兩方「不能」和平相處，戰爭「不能」避免。

可是我們其他顯然不能解決的問題，是否也是如此呢？爲什麼我們的國家寧願製造貨物，並以較高的價格出售給自己國內的人民，而不願以較低的價格從別的國家運進這些貨物來呢？爲什麼倘若它送到別國去的天然資源、農產品和工業製成品，能繼續比別國送到它那裏的多，它就會認爲有了一個「有利的」貿易平衡了呢？爲什麼我們大家都承認爲了世界和平前途計，必須降低關稅壁壘，但是在降低任何眞的壁壘時，却會這樣困難？最後，爲什麼雖然每一個國家都知道，倘若再來一次世界大戰，結果會是不能想像地可怕，而各大強國都還在急不容緩地準備下一次戰爭？世界上就充滿了這種種矛盾。

## 文化落伍（Cultural Lag）

社會上所以會發生「不能解決」的問題，有一個基本原因，可以稱爲「制度的惰性」（Institutional inertia）。社會學上所謂「制度」，是「有組織的團體行爲方式，根深蒂固，並經公認爲一個文化的基本部份」（美國大學辭典）。人類本來就有非將他們的力量和活動組織起來，變成整個社會裡差不多一律遵守的行爲方式。換一句話說，一個社會制度所以能存在，就是因爲很多人都已經接受了這種方式，在共產主義（或資本主義）社會裡的人民，接受而且保存了共產主義（或資本主義）

經濟行爲上的習慣。軍隊裏的人得到而且保存了軍隊裏的思想和行動方式；牧師們得到而且保存了牧師思想和行爲的習慣；老資格的職業球員也把他們的行爲方式傳給後進。

一切制度都有一點特別的地方：你祇要對自己的制度習慣了，最後就會覺得它是唯一正確而恰當的做事情的方法。譬如說，從前許多擁護奴隸制度的人，曾經稱那制度爲「神定」的，一切批評它的言論都被認爲是批評自然法則、理性和上帝的意旨。另一方面，擁護相反制度的人，却以爲他們的自由勞工制是「天定」的，奴隸制度違反自然法則、理性和上帝的意旨。同樣的，在今日，相信資本主義結合經濟的人，認爲他們用來組織商品分配的方法，是唯一恰當的方法。而共產黨也同樣熱誠，深信不疑地守着自己的方法。這種對自己的制度忠誠的心理，並不難了解。在任何一個文化裏，差不多每一個成員都覺得自己的制度是合理的生活的基礎。對這些制度挑戰，幾乎不可避免地會被認爲是威脅一切生活秩序。（問一個教士，「要維持宗教和道德秩序，是不是必需有教會？」問一位將軍：「要維持和平，是不是必需有軍隊？」問一個證券經紀人：「證券交易所是否必需？」問一個教員：「學校是否必需？」他們第一個毫不思索的回答是：「是的」，想了一想之後，大多數的人仍然會說「是」。每一個人都傾向於保護自己的制度，使它們不致受挑戰或攻擊。這件事實是社會所以能夠穩固的基礎。）

因此，一切社會制度都傾向於慢慢地變，而且最重要的是，在使它們存在的條件已經消失了，有時甚至連它們的賡續存在都已經成爲一種討厭而危險的現象後，它們仍然有生存得很久的傾向。這種過時的制度、習慣和形式仍然還是繼續存在的現象，社會學家稱爲『文化落伍』。

## 畏懼變遷

我們現代世界上急迫的問題，因此就是文化落伍的問題——那就是因爲想用過時的制度（註：這並不是說一切現代流行的制度都過時了。有許多制度是既很古老，又很美滿。還有別的正在很快地變動，以求趕上社會裏的變遷。）來組織一個以噴射式機器推進、超音速、電子和原子的世界而引起的問題。技術進步的速率，超過我們的社會制度，以及隨着這些社會制度同來的忠義心理和思想的變遷速率，差不多已經有二百年了。而且這兩種速率間的差別，有增無減，因此在每一個感覺到了科學衝擊的現代文化裏，一般人民都在懷疑十九世紀（或更早）的制度，是否適用於二十世紀的現實。他們對於這個已經由科學技術形成一體的世界上，舊式愛國主義還會引起那許多危機，正在日漸感到恐慌。他們對於用了十九世紀的資本主義（或社會主義）的方法，究竟能不能造成一個健全的全球性的經濟秩序，也正在日漸感到惶惑焦急。世界上任何一個城市裏，只要科學技術所帶來的變遷不能適當地配合社會制度的變遷，就會有人在心境不安，情緒動盪的狀況下度日。

有些人當然會用唯一合理的方法，來對付這些動盪不安的狀況：也就是說，他們會努力改變，或者廢棄，已經過了時的制度，並且創造新的制度；要不然他們就會改良舊制度加入較新的因素。教育方法、政府組織、工會的責任、公司的機構、管理圖書館的技術、推銷農業品的情形等，隨時隨地都在變遷中，因爲在實際生活中，許多人都是時時刻刻在努力着想，使制度和現實發生更密切的關係。然而有些人雖然已經看到變遷的需要，却在策動一些仔細看來並不比病症更好些的補救辦法；還有人在策動一些根本就無法實現的變遷。而且在人生中有幾個最重要的問題上，世界各國都是在文化落伍的情況下，其中特別嚴重的是國際關係，以及與它息息相通的如何建立公平的世界經濟秩序問題。——在這些問題上，我們到現在還找不到解決方法，所以文明的前途已經受到很大的威脅了。

文化落伍是怎麼造成的呢？顯然地，對於許多人，造成這種現象的原因是愚昧無知，因爲他們顯然地一點也不知道現代世界上實際的情形，他們「地圖」上的「區域」早已不復存在了。對於另外有一些人，落伍現象的起因是旣得的經濟或政治利益。他們在陳舊的制度裏，一呼萬諾，威風凜凜，制度惰性的助力，他們很容易相信自己所熟悉的制度，是非常美麗，了不起的東西。無疑地在任何一個社會裏，有錢有勢的人想保持自己的財富和權力的慾望，總是文化落伍的一個主要原因。當這種人受到了社會變遷的威脅時，他們的行動往往會變成十分短見而自私自利。像法國的「蒲耳本」王朝一樣，爲了要保持自己的特權，他們會作獰惡而愚蠢的掙扎，連破壞自己社會中的文明，都似乎是在所不惜的樣子。

但是財富和權力本身，並不一定就會帶來對社會不負責任或者無知的現象。一個社會裏有了一個有錢有勢的階級後，也並不一定就要產生文化落伍的現象。歷史上至少有過一些有錢有勢的人，知道怎樣對調整制度的運動漂漂亮亮地讓步，有時，他們甚至也幫忙介紹新的制度。因爲他們能這樣做，所以他們才能保持住自己優越的地位，並且挽救了萬千生靈，免得大家受秩序瓦解時的痛苦和災難。有了這種開明的人，文化落伍便能減輕到可以應付的程度。

但是當有錢有勢的人目光短小，不負責任的時候，他們必需利用既不富有又無權力的的老百姓，設法得到他們的支持，才能阻延勢在必行的制度調整（Institutional adjustment）。所以在解釋文化落伍的現象時，除了解釋有錢的人爲什麼目光短小外，我們還得解釋一般老百姓爲什麼也會目光短小，支持和自己利益相反的政策。制度惰性固然是一股強大的力量，能使人致力他們早就不該做的事；但是，除它之外，另外一股使統治者和被統治者都傾向於保存舊制度的主要力量似乎便是害怕心理。歸根結底講來，文化落伍所以如此猖獗，也許就是因爲各種職業裏都有好些人畏懼變遷而起。

## 改正團體習俗（The Revision of Group Habits）

無論文化落伍是因爲惰性、短見自私的想法，畏懼變遷的心理，或者其他許多複雜的理由，解決社會問題的癥結顯然地在如何使一般人將在舊制度裏養成的習慣，適應新的環境。社會上平時的制度太複雜，改動一種就要牽動許多別的，所以很不容易。可是人類行爲中最有趣的事，就是許多平時不能解決的問題，一到戰爭爆發就立刻解決了。戰爭也是一種制度，可是至少在現代文化中，它的需要總能壓倒任何別種制度的需要。第二次世界大戰之前，要將倫敦貧民區的小孩送到鄉下去呼吸新鮮空氣，簡直是不可能的事。但是德機開始轟炸倫敦後，全倫敦所有的孩子們，在一個週末內，便全體都遷移出去了。在大戰之前，許多有內向觀點的人屢次的講，德國和日本的儲備金不足，不可能作戰。但是雖然非常著名的社論作家和新聞評論家都是這樣預言，德國和日本仍然和同盟國大打了一場。戰爭結束後，美國政府在英國西登澫和法國俾立茲，趕忙設立了兩所好的大學校，給在歐洲的美軍讀書。敎科書和設備全是用飛機運來，幾千學生都有極講究的宿舍住，傑出的敎授由美國著名的大學重金聘來，使得倦於作戰的美國士兵，能在短期內有一個敎育樂園享受。在平時，我們能不能想出什麼方法，在以人口算來敎育經費最少，因此也最需要一所好大學校的地方，比方說，密西西比州，設立這樣一所大學呢？

倘若美國明天又要作戰了，而且有人指出來，為了戰爭需要，所有大城市裏的房屋都必需增加四分之一，這些房子可能一年不到就造成了。正像在第二次世界大戰時，羅斯福總統說美國必需每年生產五萬架飛機，工業鉅頭雖然一再聲明「不可能」，結果却因為大家都有堅強的決心，終於完成計劃。再有，在大戰時，同盟國間很快地便建立了某種程度的合作，例如，軍事機密的交換，參謀本部的聯絡，聯合執行軍事和供應計劃，共同制定外交政策等，使平時的各種制度習慣都推翻了，可是一到戰爭結束後盟國間便又放棄這些合作的行為了。所以我們從戰爭得到了一個敎訓：制度固然是強有力，並且持久的東西，但是如果時機眞個危急，往往未始不可以改變。

所以現在世界各處都面對着的問題，就是要認淸目前的國際關係（別的許多問題也是如此），已經嚴重到足夠要我們修改或放棄制度的地步。瞭解了這個危機後，我們做公民的責任，是要想出辦法來調整自己的思想和行爲方式，庶幾我們調整制度時能切合實際，迅速完成，以最少的痛苦，得到最大的公共利益。

## 外向觀點的規則

在每一個引起許多人爭辯的公共問題裏——例如修改勞工法，改變分配醫藥福利和設備的方法，統一指揮各種部隊，來找出新途徑解決國際爭端等種種建議——主要的內容總不離制度適應（Institutional adaptation）。假若我們硬要用對立的名詞，（「公平」與「不公平」，「自然法則、理性和上帝的意旨」與「無秩序和混亂的勢力」），討論社會問題，雙方就會發生恐懼和惱怒的反應，而恐懼和惱怒可以使心智麻木，不能作有理性的決定。要避免這種二元價值的爭辯，我們必須把社會問題當作制度適應的問題看待，這樣一來，許多熱烈爭辯的社會問題中的種種疑難，就會慢慢地自動變成外向了，我們便會不再追問某個改變制度的建議是「對」的還是「錯」的，「進步」的還是「反動」的；而改問下面這些問題了：「結果如何？誰能得到利益？能得多少？誰會吃虧？吃虧到什麼程度？在這個建議裏，有那幾點可以保證將來沒有害處？一般人民對這樣一個法案是否眞的有了準備？對於物價、勞工供應、公共衞生或其他的問題，可能有什麼影響？誰這樣主張的？根據誰的研究心得，那一門專門知識？」當我們對這種外向問題有了外向的回答時，我們就能很快地得到決定。

從外向知識得來的決定，既不「左傾」，也不「右傾」。在最有系統的外向訓練——科學——裏，既沒有「左傾份子」，也沒有「右傾份子」，唯一的問題祇是各人能力不同。那一位科學家能力最強，並不是用辯論的方式決定的，而是把許多科學的預測比較一下，看那一個最正確。誰的預言最正確，誰是被大家公認爲最優秀的科學家。我們對社會問題的預測，遠不如自然科學裡的預測正確，這一點當然是眞的。但是在原則上，我們對於社會行動結果的預測，並不是不能變得更清晰正確些的。依我們現在的習慣，當專家們對於社會問題爭執不下的時候，我們出錢發動宣傳，替「自己這邊」大吹大擂。倘若在這種情形下，我們肯用這筆錢來作科學研究，（假若這種研究能夠成功，專家們的意見便會漸趨一致，）那麼意見分歧便能成爲知識進步的出發點，而不像現在這樣，成爲更多的糾紛的來源了。

譬如說，現在有人提議，要市政當局准許運貨汽車在橡樹街的大橋上通行。運貨汽車行都擁護這項建議，因爲如果通過了，他們便可以節省很多的金錢和時間。如果我們在討論這個提案時，相當外向，那麼我們所提出的問題，就會屬於下面這一類：「這道橋的結構能否當得起更重的負荷？對橡樹街和其他通到這橋的街道上的車輛行人來往，會有什麼影響？是否會增多車輛肇事的危險？是否會影響到市容的美觀？對於橡樹街上及附近的住戶及商店有什麼影響？」當各種專家作了正確的答覆之後，每一個投票者就都有了足夠的資料，能按照他自己的興趣和觀點投票了。無論他關心的是他孩子上學時的安全，市容的美觀，運貨汽車行的利潤，對於稅收的影響等等，他都可以知道怎樣做了。每一個投票人的決定，都有專家們精心作成的預測爲根據，所以他投的票，便能確實代表幾分他眞正的需要了。

讓我們再作一個假定吧。例如說，在全城中這個方案祇能裨益運貨汽車業。倘若運貨汽車業想使這個方案通過，就得設法不讓大家外向地討論這個問題。他要用的技巧，就是立刻將一切討論移到高些的抽象階層上去，專談論「不合理地阻碍商業發展」，「不許『政客』、『俗吏』和『小官僚』破壞『自由企業』與『美國方式』」等種種問題。用這些方法，有系統地攪亂了抽象階層之後，他們便能把運貨汽車開過橡樹街大橋的自由，渲染成和流血得來的民族自由一樣重要。

我們感到可悲的，不僅是許多人都太天眞了，容易被這種話欺騙而已；更可悲慘的是，在有許多地方，報紙上並沒有別的外向材料供給我們討論參考。這種現象所以會得發生，一部份是因爲報紙本身就是大企業，往往和別的大企業有休戚相共的感覺，一部份是因爲有些報紙早已不自行採訪新聞，而專登載聯營的專欄作家、通訊社等等供給他們的材料；還有一部份原因是有些編輯和出版者，似乎比社會上教育最差的份子，更要容易被非常抽象的空論所感動，所以在有些地方的報紙，簡直沒有什麼關於重要的公共問題的消息。

無論什麼問題，一定要有外向的討論。得到了外向的回答，並且廣泛地傳播出去以後，就沒有分爲「右傾」或「左傾」陣營的需要了。無論你的利益是廣泛或狹窄的，利己的或利他的，你都能自由地根據你眞正的，而不是想像的，利益來決定問題了。

窮途末路

有時候，由於漫長無益的爭辯，時間一年一年地過去了，制度調整還沒有圓滿地成功，文化落伍却日趨嚴重。社會脫節的現象（Social dislocation）一天比一天嚴重，恐懼和混亂的心理傳佈了開來，整個的社會就會變得像有些個人一樣，爲了無法解決自己的問題，而感到日益不安，既無試驗新的行爲方式的信心或知識，同時又因知道自己的傳統方法已經不再適用了，所以十分惶恐。在這種情形下，那些社會就會變得像馬耶爾博士的老鼠們一樣：「當牠們被迫在不能解決的問題的情況下作反應時，就產生了一種固定的反應習慣，不顧環境，一味如此……在這種情況下，他們所選擇的反應便凝固起來了……凝固的現象發生後，那種動物就失去了適應環境的反應能力。」於是整個的社會，(從前常常如此，現在仍然也還是一樣，）在對自身最迫切的問題上，便專釘住一種解決方法了：唯一滿足發怒的神秘的方法是把更多的嬰孩擲給鱷魚吃；唯一醫治疾病的方法，是找出並且迫害更多的女巫；唯一得到繁榮的方法，是訂下更高的保護稅率；唯一保證和平的方法是要有更多的軍備。

這種腦筋不靈的狀態，使得我們在應付「不能解決」的問題時，無法應用外向的方法，而這却是唯一能幫助我們解決這類問題的方法。內向的定義和高的抽象階層不能幫助我們解決大家的吃飯問題，或是和鄰居建立友誼的關係。外向世界裡的事，一定要用外向的手段才能做到，無論對那一個人都是一樣。倘若我們這些民主國家裡的公民，要想在與我們關係極深的重要事件（例如說，和平問題和公平的世界經濟秩序的問題）作決定時，能負起自己的一份責任，我們必須能從高抽象階層的雲霧裏爬下來，學會用外向的眼光，來考察世界上一切地方性、國家性和國際性的問題，就像我們現在考察如何獲得食物、衣著或住所一樣。

然而，假若我們不肯放鬆自己凝固了的反應和內向觀點，以及由它們而來的那種富於爭鬥性的二元價值的想法：「我們是對的，你們是錯的，」我們的前途一定會和馬耶爾博士的老鼠相差無幾。我們將老是像生了病似地，無力改變自己的行爲方式。除了像老鼠一樣，一次又一次地嘗試那錯誤的解決方法以外，就沒有別的路可以走。這種無效的行爲重覆了好久之後，即使我們最後發現自己陷入一個在政治上「神經衰弱」的情況裡——沒勁再嘗試，願意讓獨裁者用繩子縛着我們的尾巴，倒掛起來，——也就沒有什麼稀奇了。

## 科學態度

科學最值得注目的特性，是它能繼續不斷地解決「不能解決」的問題。在從前的時候，大家都以爲要想出一種每小時行二十哩以上的旅行工具來，是「不可能」的事，但是我們現在有些交通工具已經達到每小時六百哩以上的速度了。從前曾經有人屢次「證明」出，人「不可能」會飛行，但是我們現在把飛越重洋，當作常事。作者在讀書時，屢次聽到人家說，利用原子的力量，只是在理論上有可能——事實上當然絕對不會實現。所以我們簡直可以說，科學家是以完成「不可能」的事爲職業的人。

他能做到這點，因爲他在作科學研究時有外向的觀點。但是在他所謂「非科學」的題目上，他也可能有，而且往往眞的是有，內向觀點。所以在談論社會或政治問題時，自然科學家往往並不比別人聰明。

我們上面已經看到，一般科學家對於他們所研究的現象，有種種特別的說法，對於他們所注視的地域，有特別的「地圖」。他們根據這些地圖作預測：倘若事態的變化，恰和他們的預測一樣，他們便認爲「地圖」是「對」的。倘若事態的變化和他們的預測不同，他們便丟棄了自己的「地圖」，另外再製新的；那就是說，他們便按照一套能提示出新行動程序的新假說，來採取別的行動。然後又將自己的地圖和地域對照。假若新的地圖還是不合，他們便毫不沮喪地放棄了它，再作別的假說，直到他們找到合用的假說爲止，這些合用的假說，便是他們所認爲是「眞」的解釋，但是所謂「眞」，也只不過是指目前而已。倘若後來他們又遇到了新的情況，這些假說不再適用了，他們便又會準備放棄它們，重新查考外向的世界，另外再製造能提示更新的行動程序的，更新的地圖。

當科學家們能不受金錢和政治勢力干涉，自由工作時，換句話說，當他們能和世界上做着同樣工作的人，自由地把知識集中在一起，根據獨立得到、自由交換的觀察結果，互相考查彼此的地圖是否正確時，他們的進步便會極快。由於他們非常多元而且外向的觀點，因此比任何別人更不受固定的規律和無聊的問題煩擾。科學界人士的談話和寫作裡，充滿了承認自己愚昧，聲明自己知識有限的辭句，這一點用傳統的觀點看來，似乎很是矛盾，可是從新的觀點看來，却很可以瞭解。作者在和相識的原子物理學家們談話時，常常發現他們愛用下列各種說法：「根據××最近發表的論文——當然他也許還有更新的發現，沒有發表出來……」；「沒有人完全知道究竟發生了什麼事，但是據我們猜想，是這樣一樁事情……」；「我告訴你的話可能是錯的，但是在我們所能想得出來的理論中，這是唯一說得通的一個……」；有人說過，知識就是力量，可是只有知道自己知識有限的人，才能有眞實的知識呢。

一位科學家決不會，因爲一張地圖是他祖父傳給他的，或是先聖先賢用過的，就硬抓住不肯放。站在內向觀點的立場上，我們可以說：「倘若先聖先賢能要它，我也能用它」。站在外向觀點的立場上，沒有經過查考之前，我們無法知道。

## 又是左邊的門了

請注意我們對有一些東西所抱的技術和科學態度，和我們對於別的東西所抱的內向態度兩者間有什麼差別。當我們要修理一輛汽車時，我們只想到機件，並不問：「你所建議的方法，是否合於熱力學的原則？在類似的狀況下，法拉第或牛頓會怎麼辦？你是否一定知道，你所建議的補救方法，並不代表我國技術傳統中的一種墮落和失敗主義的趨向？假使我們對每一輛汽車都這樣做，會產生什麼結果呢？亞里士多德對這一點怎麼講？」這些都是沒有意思的問題。我們只問：「會有什麼結果？」

但是當我們要改造社會時，情形便不同了。很少有人能夠把社會當機器看待，認清社會是一堆活動着的制度的總和。我們平常用來觀察社會問題的態度，往往包括習俗的道德觀點，所以我們總是要批評這個，批評那個，或者互相批評。這樣一來，我們便完全忽略了「測繪」社會問題的基本條件，也就是說，先把那些組成一個社會和製造它的社會問題的，固定的團體行爲方式（制度）描寫出來。痛恨敵人的心理，常常使我們只要改變不問後果。專求「懲罰壞人」而不求實際的效果。所以一談到補救社會缺陷的具體方法時，我們反只會想到沒法證實的問題：「這些主張合不合健全的經濟政策？合不合公正而有理性的原則？我們歷史上的先賢對於這會怎樣說呢？這是一個傾向共產主義，還是傾向法西斯主義的步驟？倘若人人遵守這樣計劃，結果會如何？你爲什麼不讀亞里士多德？」因爲我們耗費了許多時間，去討論毫無道理的問題，所以往往這些主張可能會引起什麼結果，我們反倒永遠沒法知道了。

當我們被這些無聊的問題糾纏得不可開交的當兒，有些人一定會特地跑來勸告我們的：「讓我們回復正常吧。……讓我們保持古老優良，歷經試驗的原則吧。……讓我們回到健全的經濟，健全的財政。……我們必須回復到這個去。……我們必須回復到那個去。……」大多數這種主張，當然只是我們要再向左邊的門跳而已。——換句話說，它們邀請要我們繼續將自己逼得發瘋。在慌亂無所適從之間，我們接受了這些主張，——結果還是和從前一樣，碰一鼻子灰。

# 第十六章　走向內心和外界的秩序

我又告訴你們：凡人所說的閒話，當審判的日子，必要句句供出來。因為要憑你的話定你為義，也要憑你的話定你有罪。

——馬太福音第十二章第三十六・三十七節

## 外向觀點的規則

就像一個機械士隨身總帶着一副鉗子和螺絲起子，以備不時之需；就像我們腦筋裏都深印着一張乘法表，以備日常應用；所以我們也可以在腦筋裏帶着些方便的規則，以爲獲取外向觀點之用。這些規則並不需要是很複雜的；一組簡短、粗率的公式就可以了。它們主要的功用，是要防止我們在內向思想裏轉來轉去，防止我們自動反應，防止我們研究無法答覆的問題，防止我們不斷地重覆舊的錯誤。它們不是魔術，不會告訴我們有沒有更好的解釋辦法，但是它們會使我們開始追求更好的新的行爲。下面的規則，是本書中直接討論評價問題那幾部份的一個簡單的結論。這些規則應該背熟：

（一）一張地圖並不就是它所代表的地域；言辭並不就是物件。

一張地圖並不表現出一個地域的每一部份；言辭從來不能將任何事件完全描述出來。我們可以無限制地創造地圖的地圖，地圖的地圖的地圖……不論它們對眞的地域有沒有關係。（第二、十章。）

（二）言辭的意義不在言辭中，而在我們的腦筋裏。（第二、十一章。）

（三）前後文決定意義（第四章）：

我喜歡魚。（燒好的、能吃的魚。）

他釣到了一條魚。（活魚。）

魚目混珠。（以僞亂眞。）

魚玄機。（人名。）

（四）留心「是」字，因爲它可能代表錯誤的評價法：

草是綠的。（忘了我們神經系所作的工作了嗎？第十、十一章。）

張先生是上海人。（小心不要把不同的抽象階層混淆不清。第十一章。）

做生意就是做生意。（一個指示，第七章。）

一樣東西就是一樣東西。（除非當做語言上的一條規則看待，就會有忘了此外還有別的分類法，和每樣東西都是一個變動的過程的危險。第十、十二、十三章。）

（五）不要沒有造橋，就先想走了上去。認淸指示和說明之間的差別。（第七章。）

（六）必須認清「眞」字至少有四種不同的意義：

有些香菌是有毒的。（說這句話是「眞」的，意思就是說它是一個能夠，而且已經，被證實了的報告。第三章。）

小紅是世界上最可愛的女孩。（說這句話是「眞」的，意思就是說，我們對小紅確實是這樣想法。第六、八章。）

人生而平等。（說這句話是「眞」的，意思就是說，它是一個我們認爲應該要服從的指示。第七章。）

$(X+Y)^2=X^2+2XY+Y^2$。（說這句話是「眞」的，意思就是說，這個方程式能適合一種叫做代數的語言所製成的系統。第十二章。）

（七）當你想要「以火攻火」的時候，記住救火會平常總是用水的。（第十三章。）

（八）二元價值觀點是發動用的機器，不是駕駛用的機器。（第十三章。）

（九）小心定義，它是用言辭解釋言辭。如果可能，思想時盡力設法用實例而不用定義。（第十章。）

（十）用指數和日期來提醒自己，沒有一個字能有兩次意思完全相同的。

母牛$_1$不是母牛$_2$，母牛$_2$不是母牛$_3$……

史密斯在一九四九年不是史密斯在一九五〇年，史密斯一九五〇年不是史密斯一九五一年。

倘若上面的規則太多，不容易記住，請讀者至少要記住這一條：

母牛1不是母牛2，母牛2不是母牛3。

這是最簡單、最普通的一條外向觀點規則。「母牛」這名詞給我們內向的說明性和感動性的含義；它使我們記得這隻「母牛」和別的「母牛」相同的地方。但是那指數却提醒我們，這一隻母牛是不同的；它提醒我們，「母牛」這字並沒有把這事件各方面完全都說出來，它提醒我們，在抽象的過程中，許多特質都被略去了；它使我們不致把名詞和物件當做一樣東西，換句話說，使我們不致把抽象的「母牛」當做外向的母牛。

## 秩序凌亂的病徵

不遵守上面的那些原則，不論是有意或無意的，就是用原始和幼稚的方式思想，用原始和幼稚的方式行動。我們可以用許多方法，來偵察自己內心不健康的反應。最明顯的徵兆之一是忽然大發脾氣。倘若兩個人辯論，大家都鬧上了意氣，說話越過越激烈，最後終於以對嚷對罵了結，那麼這一場辯論中，一定有了什麼錯誤了。

另外一個明顯的徵兆是煩悶——當我們想來想去，還是得不到頭緒時。「我愛她……我愛她——唉，要是我能忘記她是個女招待，那該多麼好！……倘若我和個女招待結婚，朋友們會怎樣想？……但是我愛她……假若她不是個女招待，那該多好！」但是女招待1並不是女招待2。「哼，我們現在這位州長夠多壞！……我們還當他是個學者，但是他實在祇是個政客……現在我想起來了，上一任的州長並不太壞……唉，可是他也是個政客，而且那樣地玩弄政治手腕！……我們就永遠不能找到一個不是政客的州長了嗎？」但是政客1不是政客2。我們把這些圈子打破了以後，想想事實，而不想名詞，就可以對這問題有新的看法了。

另外一個內心反應不健康的徵兆，就是太敏感，太容易生氣，一下就覺得別人侮辱了自己，惱恨不已。思想幼稚的人常把名詞當作實物，因此便以爲不客氣的話就等於不客氣的行動，把無害的名詞認爲是有傷人的力量，一聽得有人發這些聲音，便認爲是「受了侮辱」。在半開化和幼稚的社會裏，一般所謂的「君子」們，常常把這種反應捧得很高，美其名曰「社會禮法」。所謂「禮法」，就是一想到「受了侮辱」，便得非常痛快地拔出劍或手槍來的意思。他們自相殘殺的速度，當然就變得不必要的快了。這又證明了本書中常常暗示的一個原則：沸點愈低死亡率越高。

前面已經說過，說話太多太隨便的傾向，是一個不健康的徵兆。同時我們也要提防「想得太多」。不要以爲有造就的思想家，一定比毫無成就的人「努力思想」些。這個想法是一個錯誤。他們祇不過是思想的效率較高而已。「想得太多」的意思，往往是指在我們心裏，有一件「確定」的東西——一件「無法爭辯的事實」，一條「不能更動的法律」，一條「永久的原則」——一些我們相信已把某些事物「完全講出來」了的言辭。然而生活經常地在當着「無法爭辯的、確定的東西」的面，暴露出和我們先入之見不合的事實來：並不腐敗的政客，並不忠實的朋友，並不慈善的慈善機關，並不保險的保險公司。我們既不願放棄「穩當」的感覺，又不能否認那些不符合的事實，就祇得「想來想去，想了又想。」我們前面已經講過，在這種進退維谷的情況裏，祇有兩條出路：第一，根本否認這些事實；第二，根本推翻那條原則，從「一切保險公司都可靠」，一下變到「沒有一個保險公司是可靠的。」因此便發生了下面這種幼稚的反應：「我再也不相信女人」，「以後不要再和我談政治了」，「我永遠也不要再看報紙了」，「所有的男人都是一樣的，鄙俗不堪。」

相反地，一個思想成熟的人，知道言辭從來不能把任何事物完全描述出來，因此能適應「不測」。譬如說，在開汽車時，我們從來不知道以後會怎樣：不論我們在這條路上開過多少次，我們永遠也不會逢到兩次完全一樣的交通情形。雖然如此，一個會開汽車的人，却依然能開過各種道路，有時甚至開得很快，而一些都不懼怕神經緊張。在開車這件事上，他已能適應「不測」了——例如，意想不到的爆胎，或是忽然遇到危險等——，而且並沒有不安全的情形。

同樣地，一個智慧成熟的人，對於任何事物都並不「完全了解」。可是他也並沒有不安全的情形，因爲人生中，唯一可能有的安全，就是從內心發出來的主動安全（Dynamic security）：這種安全的泉源便是一種從無窮元價值觀點得來的，伸展自如，靈活無比的心境。

對這個「完全都知道」，對那個又「完全都知道」，到我們覺得有問題「不能解決」時，便祇能怪自己了。倘若我們對於語言（自己的和別人的）的性質，能有一點簡單的知識，我們便能既省時間，又省氣力，不致於在語言的「鼠籠」裏兜圈子了。有了外向觀點後，我們便能應付求學和處世上種種無法避免的「不測」現象。不論無情的外界硬塞給我們什麼問題，我們至少可以不會再自尋煩惱了。

## 迷失了的孩子

還有些不快活的人，對這個既不「完全都知道」，對那個也不「完全都知道」，卻希望自己能完全知道。爲了並不知道一切的答案，所以他們總在焦慮着，總在搜尋着一個能永遠滿足他們焦慮的答案。他們從一個教會、政黨或「新思潮」運動，轉到另外一個。倘若他們是受過教育的人，他們會從一個心理分析家轉到另一個；倘若他們沒有受過教育的話，他們會從一位算命先生轉到另外一個。這些人有時也會遇到一個自己認爲是絲毫不差的算命先生、政治領袖、或者思想系統，更忽然感到手舞足蹈，興奮不已，非常熱心地將這個消息傳佈給每一個熟人。因爲他們覺得自己的問題已經有了圓滿的答覆了。

這種人起先所以會感到過份憂慮，後來自信問題解決了時又感到過份喜悅，有一個極重要的理由。心理分析學家已經將這個理由描寫了出來。一個成人——感情上成熟的人——是獨立的，能夠自己想出答案來解答問題，而且能夠了解沒有一個答案能包羅萬象的人。然而，倘若我們幼年時所受的教育並不教我們獨立自主——譬如說，倘若我們在正需要愛情和照顧的年代，失去了愛情和照顧，或者，倘若我們的父母溺愛我們過甚，替我們將一切安排得舒舒齊齊，不用我們自己努力，——那麼我們長大成人後，生理上雖然已經成熟，但是，用心理分析家的話來講，感情上還是不能成熟。無論我們年歲活到多大，我們還是會繼續需要一個代表父母親的記號：一樣能安慰我們而且有權力的東西，無論我們需要什麼答案時，都可以作爲對象。如果我們已經不能再依賴自己的父母親，而這種需要仍然存在的話，我們便會一次又一次地去找尋代表父母親的記號：有時候它可能是一位和善的老師，有時候可能是一位有權威、有尊嚴的傳教士，有時候可能是像父親般慈愛的僱主，有時候可能是一位政治領袖。

對我們研究人類語言的人，這種找尋「父母親記號」的行動中，最值得注意的是它和言辭的關係。有些爲了某種緣故，不能接受一位教師或政治領袖爲父母親記號的人，可能會在一大堆有系統的說話裏——譬如說，一册不易了解的哲學鉅著，一套政治經濟哲學，一套「新思想」，或者許多偉大的名著——，找到一個「父母親記號」。「看呀，看呀！」他們嚷道：「所有的答案都在這裏了。」在這些文字中間尋出「所有的答案」來，實在祇是一種感情不成熟和不懂象徵過程（我們以前曾提起過）的現象。但是因爲有這種毛病的人，多半能高談濶論，所以一般民衆都以爲它是值得尊敬的。它是一種感情不成熟，因爲它包括了放棄獨立思考，依賴（言辭的）父母親記號。可是因爲凡是這樣地表現出他們感情不成熟的人，都得到了一個異常複雜而抽象的字彙，並且在一切可能的場合裏，都要把它表演出來；而在我們的文化裏，又尊敬說話滔滔不絕的人，特別是講得極抽象的人，所以大家便以爲它了不起了。實在說來，這種依賴父母親的心理，可眞是幼稚得很，因爲它的假設是：一幅語言的「地圖」能把一個經驗裏的「區域」「完全說出來」。我們在前面已經說過了，知道這是一個不可能的假設。

上面的話當然並不是說，對一本或一百本巨著有熱誠，就一定是不成熟的徵兆。然而感情成熟的人的熱誠和感情不成熟的人的熱誠是不同的。當一個感情不成熟的人發現了一個能適合他需要的新知識或哲學系統時，他便會盲目地接受了它，把他所學得的那套公式，整天掛在嘴上。任何人一提起他應該另外再學些別的東西，他都要發惱。一個成熟了的讀者，卽使對於他所發現的「巨著」又快活又興奮，也仍然渴望着想要把它試驗一下的：「這些新的、令人興奮的原則或主張，是不是眞的能那樣地普遍應用呢？對於許多別的，在文化或歷史背景上與我們不同的地區，它們是否同樣適用？它們是否需要修改、錘鍊或校正？在特別的情形或不同的條件下，這些原則或態度怎樣應用法？」當他研究着這種種問題時，他也許會慢慢發覺到，自己所發現的制度還是那麼重要；但是他雖然一方面感覺到能力增加了，一方面也深深體會到，需要學習的東西還有很多很多呢。

實在說來，一個新的哲學或科學的綜合系統，應用的範圍愈廣，所引起的新問題也就愈多。達爾文在「天演論」裏所給予許多困難、麻煩問題的回答，並沒有使生物學的研究停頓，反倒成爲近代生物學最大的激勵，更努力研究新的知識。佛洛依德給予心理問題的答案，並沒有使心理學從此便不能進步；它們反而展開了新的研究區域。「巨著」必需能提出新的，而且有得到圓滿答案希望的重要問題。倘若「巨著」的結果是使我們停止研究，那便是我們讀錯了。（註）

換一句話說，無論在科學、宗教、政治或藝術上，我們越變得聰明，就越不會有武斷的危險，顯然地，我們對人類經驗的領域懂得清楚，也就注意到，我們能爲它們做的言辭的地圖，是多麼欠缺。在第十一章裏，我們稱這種感覺到地圖裏缺點的現象爲「注意到抽選過程」（Consciousness of abstracting）。眞正成熟的人，卽使是對於他熱心推崇的哲學或思想系統，也仍然還保有這種「注意到抽選過程」的。

註：共產黨利用馬克思和列寧著作的態度，在作者看來，就是表示他們把從前曾經對社會科學有過重大貢獻的書籍讀錯了。共產黨把一切與馬克思及列寧的理論（或者至少是與他們對馬列主義的解釋）不同的學說，都認爲是攻擊「眞理」，因此似乎使得社會科學在蘇聯境內簡直不能進步。

## 「認識你自己」

在另外還有一個區域中，「注意到抽選過程」，也是不可少的，那個區域就是我們對於自己的想法。我們都比母牛阿花複雜得多了，而且比阿花更瞬息不停地變動着。此外我們又都在用着某種言辭（或者其他抽象的東西，就像「心裏的圖畫」、「理想」，或者「概念」等等，）來描寫自己。這些描寫自己的話，有的比較固定清楚，有的比較差些。「我喜歡待在家裏」，「我長得漂亮」，「我醜到沒救了」，「我相信效率」，「我是被壓迫者的朋友」……這些話和它們的地域（我們自己）比較起來，有的是比較確切些的地圖，有的差些。因爲有人能把關於自己的地圖畫得好些，有人却畫得差些。假若有一個人給他自己畫了一張相當好的地圖，我們就說他「認識自己」，正確地衡量了他自己的能力和觀點，他感情上的力量和需要。心理學家卡爾、羅吉士稱，我們給自己畫的「地圖」如「自我概念」。用他的話來說，這些「概念」有「切合現實」的和「不切合現實」之分。我們做什麼事，穿什麼衣服，儀態如何，怎樣裝模做樣，接受了什麼任務，推諉了什麼任務，和那一羣人來往，等等事情，由我們眞正的能力和缺點來決定的成份，遠不如由我們自以爲有的能力和缺點，也就是「自我概念」（Self-concepts）——決定的成份多。

本書內以前所講過的有關地圖和地域的那些話，對於「自我概念」特別適用。地圖不是地域，自我概念不是自己。一張地圖並不代表全部的地區；一個人的自我概念也把他眞正的自我中很大的一部份省略去了，因爲我們永遠不能完全認識自己的。我們可以畫地圖的地圖的地圖……，一個人也可以對自己描寫自己，然後再進一步在更高的抽象階層上作不知道多少關於自己的推論，判斷……。

這種地圖和地區不符合的情形，不但威脅到我們的自我評價，而且也同樣地威脅到我們給別人和外界事件的評價。事實上，我們估量別人和外界事物時智慧的高低，多半以我們自我評價時智慧的高低而定。蘇格拉底「認識你自己」這一句名言裏，就包含這種意思。所以最重要的問題是：我們究竟給自己畫了怎麼樣的地圖呢？

有些人的自我概念顯然地非常不切合現實。假若有一個人說「我有能力做總經理」，可是在眞的做了總經理後，却又顯示出來自己並沒有這種能力，他一定會使大家（連他在內）都異常失望。倘若另外有一個人說：「我什麼都不中用，」而且竟認眞相信了自己的話，他就可能會浪費自己的才能、機會和自己的一生，我們常常看到的，許多穿着和行動都像是十八歲大姑娘的中年婦人，也是一個例子；因爲她們的生活，也是同樣地被一個非常不合實際的自我概念支配着的呢。

另外又有一種人，好像永遠不能了解他們的自我概念裏並不包括一切有關他們的事實似的。照心理分析學家說來，每個人都有一種把自己眞心的理由隱瞞起來，而另外找些冠冕堂皇的理由來作解釋的習慣。譬如說，有一個寫書評的人攻擊一本書，說它「立論不夠嚴謹，文筆又復拙劣」，而他眞正的理由却不外是同行相妒，書中的主張使他看了後覺得非常地不安，或是他和該書作者在十年前曾經吵過一次架等等。倘若這位書評家眞心相信他的自我概念「完全」代表他自己，假若他給自己畫的地圖是「一個相信嚴謹的邏輯和格調高的散文的人」，他便會覺得他在書評中所提出的理由，能充份解釋他的偏見了。換句話說，不知道自我概念並不代表自己，往往會使許多人眞個相信自己的遁辭。有些人當眞是如此完全而且誠心地相信自己的「自我概念」——那就是說，他們尋出了那麼完美的遁辭，把自己包圍了起來，以致連獲得「自知之明」的能力都喪失殆盡。

自知之明當然是常常使人不安。「我不喜歡這本書的理由，是因爲我嫉妒作者」，「我不能升遷的理由是因爲我不如別的同事聰明」。倘如我們的感情還沒有穩定，這一類的話眞是不大受得了。因此我常常感到有相信自己遁辭的需要：「這本書立論不週密」，「我所以不能升遷是因爲我的同事聯合起來欺侮我」。祇要相信這些不正確地圖的需要足夠強烈，我們便會對無論多少與它們反對的證據，都閉目不理的。

要怎樣才能使自己不致陷入這種情形呢？已經深陷在這種情形裏的人，也許祇能請經過專門的心理顧問或分析學家幫忙了。但是我們還沒有弄得這樣糟的人，仍然還得每天應付採取什麼行動和作什麼決定的問題。我們的自我概念越切合實際，我們的行動便越有成功的可能，我們的決定便越會變得健全。我們能不能趕快努力，以求更正確地了解自己呢？

## 報告和判斷

心理顧問和許多心理分析學家所做的事情中，至少有一件事是稍有自知之明的人都能多少做一部份的。前面已經說過，我們製造假的自我概念，因爲眞的事實不大好受。我們所以忍受不住眞正的事實，因爲我們往往忘不了自己從日常環境裏（從我們朋友和鄰居所說的話，或者我們心目中以爲是他們所說的語裏），盲目學來的別人的判斷。這裏所謂的「判斷」，和第五章裏是一樣的意思。請讀者注意，「我是一個加油站裏的助手」和「我祇是一個加油站裏的助手」，這兩句話間的差別，前者是一個報告，後者包括一個判斷，其中有「我應該不是這樣一個人，現在這樣眞丢臉」的意思。

心理分析家或心理顧問所給予病人的幫助中，最重要的特點之一，就是他不對病人下任何判斷。當病人向他承認自己「祇」是一個加油站裏的助手，或者於一九四三年四月在戰場上神經錯亂了時，那位心理分析學家或顧問幫助那病人的方法，就是用語言或態度表示出來，他雖然了解那病人慚愧或犯罪的感覺，都完全沒有因爲那病人的現況或過去的行爲而責備他的意思。換句話說，他幫助那病人把判斷「我祇是一個加油站的助手，因此沒有什麼出息，」又改變成報告：「我是一個加油站的助手；」把判斷「我在戰場上神經錯亂，因此我是一個懦夫，」變成：「我在戰場上神經錯亂。」因爲那位心理分析學家或顧問接受了那病人的緣故，所以那病人也就比較能夠接受自己了。

讓別人的判斷（以及我們心目中認爲是他們的判斷）過份地影響了我們，是我們所以會有渺小、犯罪、和不安全感覺的最普通理由之一。假若有人對自己說：「我出身低微，」而同時又相信了某些勢利的人對出身低微者的惡意批評，他就會感覺到他自己確實沒有希望，從此便精神不寧，悻悻不快。假若一個人祇賺了五十塊錢一個月，但是相信了別人的話（或許別人並沒有那麼說，而他却以爲他們是那樣講過的），覺得假若他眞不錯，就該每月賺一百元才是，他就會感到不容易適應他的現狀了。在第三章裏作者建議練習寫作不含判斷的報告，對於描寫自己，這個建議也能適用。假若我們要想得到比較切合現實的自我概念，像這樣自我描寫一定會發生特別的效用。

在作這種練習時，我們應該先把有關自己的事實都寫下來——尤其是那些使我們覺得有些害臊或是窘困的事實——然後對每一件事實問類似下面的問題：「我們是否需對這件事下判斷？」「究竟是誰對這件事下那樣的判斷的？我是否也該那樣做？」「此外就不可能有別的判斷了嗎？」「過去我某一個行動引起了不好的批評，這些批評對於今日的我，說中了那一點？」下面這種報告可能會引起新的估價，就像括弧裏指出的一樣：

我是一個加油站的助手。（有人覺得做一個加油站的助手是一樁「丟臉」的事，我是不是也必需那樣想？）

我在戰場上神經錯亂了。（誰說我不該神經錯亂呢？他們有沒有去戰場上？他們是不是和我一樣地必需吃那許多苦呢？我在作戰時心理上受了損傷，有人生理上受了損害。他們爲什麼不給心理受傷的人勳章？）

我是一個主婦。（便怎樣？）

假若一個人老愛爲自己找遁辭，而且他那個壞習慣已經根深蒂固了，這種技術會不容易行得通。譬如說：

我所以不喜歡這本書，眞正的理由是同行相妬。（哦，不是的！那作家的主論一些不嚴謹，他的文筆簡直不行！）

但是如果我們對自己的心境的看法變得日漸外向化，接受自己的能力逐漸增加，我們就可以無需斷定「好」或「壞」，而直截了當地面對現實了：「我比普通人矮」，「我不會運動」，「我是離了婚的父母的孩子」，「我的妹妹比我分數高」，「我從來沒有上過大學」……。那時我們欺騙自己的需要，也就越過越少了。在自我知識上就像在科學上一樣，能征服小些的區域，便能慢慢地征服大些而且比較困難的區域。我們的自我概念漸漸變得切合現實，我們的行動和決定也就漸漸地變得更聰明起來了，因爲聰明的行爲和決定，一定要對自己的人格那一塊複雜的地域，有一張比較準確些的地圖為基礎才行。

## 制度化的態度（Institutionalised Attitudes）

另外一個增加對自己的外向覺悟的辦法，是將從制度得來的態度和外向得來的態度分開。第十五章裡已經講過，我們都是在某些制度下生活的，因此吸收了一些該制度所需要的態度。倘若我們是民主黨員，別人就以為我們該支持民主黨的全部競選人；倘若我們加入了一個僱主的協會，會中別的會員也許會希望我們仇恨所有的工會；倘若我們是勞工，別的工人也許會希望我們和他們形成一條陣線，對付資本家。

這種制度化了的態度，包含了許多普遍的，錯誤的評價法，因為每一個制度化的態度，都牽涉到一個高抽象階層的、概括的觀念，而真的民主黨候選人，勞工，資本家等等，却是外向的事實。世界上有許多人為了感情上不安定和缺乏外向觀點，所以不能脫離制度所需要的態度。為了安全起見，他們接收了在自己制度裡的「官方」的立場，因此便變成過份保守，過份注意平凡的思想和感情。他們的政黨、教會、社交集團、或家庭，要他們如何感覺，他們便如何感覺；要他們如何思想，他們便如何思想。在他們看來，不太外向化地研究任何一個特別指定的民主黨候選人、工會、資本家……，是一個比較容易而且安全些的辦法。因為對任何一個個人或團體作外向研究的結果，可能會引起一個和制度的立場不合的新的評價方法。

但是，假若我們祇有制度化了的態度，我們最後便會失去自己的個性，對於自己所屬的團體，毫無能力作獨立特創的貢獻。再說，老是按照着極抽象的概括觀念生活，抑制（或避免）外向的評價法，可能會使我們個人的調節（Personal adjustment）感到困難。

上面所說避免過份內向態度的規則，對於避免過份傳統化和制度化了的態度，也一樣有用，因爲內向態度往往是盲目地接受制度化了的教條結果。如果我們能運用母牛1不是母牛2的原則，我們便能自己張開眼睛來看看，民主黨員1和民主黨員2，資本家1和資本家2是不是有什麼重要的差別。經過了這番外向的研究之後，我們也許會發現，我們從前所抱的、制度化了的態度畢竟是對的，或者是實在不能再遵守了。無論我們最後得到的是什麼結論，眞正重要的一點是，我們能夠自己作結論，自己用外向的方法，研究事物了。

沒有養成把從制度得來的態度，和外向地得來的態度分辨開來的習慣的人，可能眞的會自己欺騙自己的。他們眞的不知道自己的意見裏，那一些祇是像鸚鵡一般地重覆制度化的意見，那一些是他們自己經驗和思考的結果。他們因爲不能了解自己，所以不能得到切合實際的自我概念，不能把他們的區域（他們自己的個性）正確地描繪出來。

## 閱讀能造成健全的心理

最後，關於閱讀怎樣能幫助我們得到外向觀點這個問題，我們還得再說幾句話。因閱讀書籍而產生過份的內向觀點的情形，簡直不勝枚舉。對於研究文學，把言辭本身——小說、劇本、詩歌、小品文當作一個研究目的的人，尤其容易有這種情形。然而假若我們在研究文學時，並不祇把它當作文學看待，而把它當做一個生活上的指導，那麼它的作用便是最好的外向的作用了。

文學所以能影響人生，完全靠了內向的方法——換句話說，靠了它運用語言的說明性和感動性含義。由於這種方法，它不但使我們注意到以前素來忽視的事實。新的感情和新的事實推翻了我們的內向觀點，我們盲從附和的現象，因此便也逐漸地消滅了。

前面已經說過好幾次，有外向觀點的人，並不祇受是言辭的操縱，而是受能自己看到言辭所指點的事實的操縱。但是如果沒有言辭指導我們呢，我們能不能自己領導自己，找出那些事實來呢？對於絕對大多數人，我們可以囘答說「不」。第一點，我們的神經系極不完備，觀看事物時不能不受自己的訓練和興趣限制。倘若我們的興趣有限，我們所看到的也就極少。一個在街上揀香烟頭的人，除了香烟頭外，對於週圍流動不息的世界，看到得很少。再說，當一個年少不知世事的人出外旅行，會晤有興趣的人物，或者遇到不平常的經歷時，他常常會有完全無所謂的感覺，這一點我們想大家一定都知道。經驗本身是一個非常不完善的教師，因爲它並不能教我們怎樣了解自己的經驗。在許多人的心目裏，發生一件事情祇不過是發生一件事情而已。除非一個人知道要在經驗裏找些什麼，他的經驗往往會對他毫無意義。

許多人十分重視經驗；他們對於「做過一番事業的人」，就會不由自主地生出敬仰之心。他們想：

「我不願意呆坐着看書，我要出去做些事情出來。我要旅行，我要得到經驗。」但是當他們眞的出去了後，他們所得到的經驗又往往對他們絲毫沒有益處。他們去了倫敦一次，可是他們能記得的，祇是自己住的旅館和旅行社。他們到過中國一趟，可是他們整個的印象祇是：「那兒有好些中國人。」他們也許在南太平洋上服過兵役，然而他們只能記得軍隊裏的口糧如何不好吃。所以，從來沒有過這種經驗，沒有去過這些地方的人，結果往往反會比經驗豐富、閱歷極廣的人，知道得多些。所以說，除非有人把我們的眼睛打開了，我們大家都會閉着眼睛，在世界上亂轉圈子。

這就是語言最偉大的造就。無論它是用在研究科學或傳達情緒上，都是一樣。對於一個研究科學理論的人，任何「瑣碎」的事實都可能有深長的意義。譬如說，在我們研究了表面張力以後，一隻蜻蜓飛來停在水池上，就是一個值得思考、解釋的題目。對於一個愛好文學的人，一草一木都可能有特殊的興趣。例如說，假若讀了「浮生六記」，很感到興趣。那麼當你後來到蘇州、揚州一帶去旅行的時候，看見那裏秀麗的山水，幽閒的生活，一定會感到特別深刻的意義。由江浙一帶家庭中的風俗習慣，你也許會對中國其他地方舊家庭裏的風俗習慣，也開始發生興趣。從前你覺得中國社會史是十分枯燥的學問，現在你也許會覺得它處處引人入勝。換句話說，你對於一個從前不注意的題目，現在開始有了感情了。如果你讀過許多過去的文學和詩歌，就能夠深深體會到它們所傳達出來的種種複雜微妙的情緒，人生中便會無時無地不充溢着豐富的意義和趣味了。

我們從旁人聽到和讀到的一切，只要不是和我們過去的感覺及思想完全雷同，都能增加我們神經系的工作效率。有人稱詩人和科學家爲「替心靈擦窗子的人」，這句話非常恰當。沒有他們傳達新的思想和感情，推廣我們的興趣，增進我們的敏感性，我們很可能還是和小狗一般地盲目無知呢。

本書中一再說明過，語言是有社會性的（註）。無論是讀、聽、寫或談話，我們無時不在做着以言辭爲主要因素的社會性的相互行動（Social interaction）。我們已經看到，有時這些社會性的相互行動就使我們大家分享知識，增進同情和了解，建立人類間的合作關係。但是也有些時候，社會性的相互行動並不一定能產生這種良好的結果：兩個在酒店的醉鄉客，兩個聯合國安全理事會中敵對的代表，越是交談，越會深信自己和對方沒有合作的可能。

於是，我們又回到本書中一開始時就明白宣佈的主張上來了，這些道德主張是本書中一切理論的基礎：同類間廣泛地利用語言合作，是人類生存的基本工具。假使應用語言的結果只產生了更多的矛盾和衝突，（事實上常常有這種情形）那麼，不是說話的人有毛病，便是聽的人有毛病，或者雙方都有毛病。我們已經看到，有時候這種「毛病」是因爲不知道地域，畫的地圖不準確而起；有時是因爲我們有了壞的評價習慣，不肯看看地域，只管自己說話，有時候是因爲我們所用的語言本身有毛病，而說話和聽話的人，都沒有肯費點力氣去查這些毛病來；最重要的是因爲在人類的歷史上，語言並沒有被用來作一種社會團結的工具，却被用來做一種武器。本書的目的，就是要向讀者說明，當他說話和聽話的時候，在那幾種情況下，他可以利用語言爲交換知識、情感等等的工具，在那幾種情況下，他便反而會被語言利用。至於讀者想怎樣處理他的語言，那是讀者自己的事了。